SALVADO POR ÁNGELES

BRUCE VAN NATTA

Publicado originalmente en inglés con el título:
Saved by Angels
by Destiny Image
Shippensburg, PA, USA
Copyright © 2008 by Bruce Van Natta
All rights reserved.

Van Natta, Bruce
Salvado por Angeles . Destiny Image International, 2018.

ISBN 13: 978-0-7684-4512-1
eISBN 13: 978-0-7684-4513-8
1. Vida Cristiana.

Dedicatoria

Este libro está dedicado al trino Dios viviente. Que su nombre sea glorificado en estas páginas, y que las personas que lean este libro lleguen a conocerlo mejor.

Reconocimientos

Me gustaría expresar mi gratitud a todas las personas que me han alentado y ayudado a lo largo de este proyecto y que continúan haciéndolo. Desde el grupo que corrigió el manuscrito, a los guerreros de oración y a las personas que me asesoraron y me dieron información y discernimiento, todos ustedes son tesoros que Dios me dio. Debo una gratitud especial a mi familia por su constante apoyo y amor. Que los sacrificios que han hecho debido a este proyecto y ministerio sean un testimonio del amor de Dios.

Contenidos

Prefacio

Unos pocos meses antes de mi accidente, cuando un camión cayó sobre mí y casi me mata, recién había terminado de escribir este libro. El proyecto me había tomado más de tres años, y luego de que estuvo listo, comencé a explorar las opciones de publicación. En este libro, varias veces utilizo la ilustración de caricaturas de un diablo sobre un hombro y un ángel sobre el otro. Esta analogía se ha tornado en algo realmente descriptivo de mi experiencia a través de mi accidente y de mi recuperación. De hecho, el paralelismo entre los eventos del accidente y lo que ya había escrito en el libro, es impactante. Mi accidente y los milagros que lo rodearon son un perfecto ejemplo de todo lo que trata este libro. ¡Dios realizó aquellos grandes milagros para que las personas tomen nota de este mensaje!

Antes de mi escape de la muerte, el Señor había hecho muchas otras cosas milagrosas en mi vida, que comenzaron cuando era muy joven. Pero empezar a sentirme cómodo como para darlos a conocer, me tomó más de treinta años. Por causa de todos los errores que había cometido y la forma en la que había vivido la mayor parte de mi vida, nunca me sentí digno de hablar con alguien sobre Dios. Pero Dios insistió. Documenté estos sucesos durante años, y los puse en forma de libro solo después de que el Señor me incitó a hacerlo. Por muchos años Dios me persiguió diciéndome que Él quería que tuviera un ministerio a tiempo completo, pero yo había decidido que no lo haría, y disfruté hacer las cosas a mi manera.

Entonces el camión me cayó encima, y Dios envió a sus ángeles para salvar mi vida milagrosamente. Sé que Él permitió que todas estas cosas sucedieran para que yo fuera capaz de anunciarte un mensaje de Dios para tu vida, y para que efectivamente lo hiciera. Dios nos ama a todos y a cada uno de nosotros, sin importar quiénes somos o qué hemos hecho. Él se comunica específicamente con cada uno y desea tener una relación íntima con cada uno de nosotros. Si decidimos no escucharlo, Él continúa buscándonos, pero en algún momento cosecharemos las consecuencias de la desobediencia en nuestras vidas. Oro a nuestro Señor para que bendiga y enriquezca a cada una de las personas que tengan la oportunidad de leer este libro, y para que ponderen su relevancia en sus vidas. Oro para que mis palabras sean como las del apóstol Pablo:

Yo mismo, hermanos, cuando fui a anunciarles el testimonio de Dios, no lo hice con gran elocuencia y sabiduría. Me propuse más bien, estando entre ustedes, no saber de cosa alguna, excepto de Jesucristo, y de éste crucificado. Es más, me presenté ante ustedes con tanta debilidad que temblaba de miedo. No les hablé ni les prediqué con palabras sabias y elocuentes sino con demostración del poder del Espíritu, para que la fe de ustedes no dependiera de la sabiduría humana sino del poder de Dios.

—1 CORINTIOS 2:1-5

Introducción

Los eventos sucedidos el 16 de noviembre de 2006 cambiaron mi vida para siempre. Nunca olvidaré lo que ocurrió ese día; estará conmigo todo el tiempo que me quede para vivir. Muchos de nosotros podemos pensar en momentos que definen nuestras vidas. Algunas veces son marcados por una tragedia, a veces por triunfos; rara vez son marcados por ambos. Pero este fue uno de esos días fuera de lo común. Yo era un mecánico de motores diesel independiente que realizaba reparaciones a domicilio. Durante este día en particular, estaba en el negocio de un cliente, aproximadamente a cuarenta y cinco minutos de mi casa. El vehículo sobre el cual trabajaba era un camión Peterbilt. Ese día había trabajado casi doce horas para completar mi parte de la reparación del motor, y ya estaba terminando. Había trabajado con el conductor del camión, y después de que reensamblamos el motor, comenzamos a probarlo y a evaluar la reparación. El resto del camión no había sido rearmado por completo, pero el conductor pensó en terminar el trabajo restante al día siguiente. Comencé a guardar mis instrumentos en las cajas de herramientas y en mi camioneta de servicio, cuando el motor del Peterbilt subió la temperatura de funcionamiento. Como ya estaba allí, el conductor me pidió que revisara también, antes de marcharme, un escape de aceite no relacionado. Estaba apurado por llegar a casa, pero pensé que esta tarea solo tomaría unos minutos más.

Me deslicé sobre una camilla y con los pies hacia adelante debajo del frente del camión y comencé a limpiar el área donde parecía estar la fuga. De repente, el camión se zafó del gato hidráulico y me aplastó contra el suelo de concreto. El eje delantero se había hundido atravesando mi abdomen como una guillotina desafilada, casi cortándome en dos. Desde mi punto de vista, parecía y se sentía como si me hubiese cortado por la mitad. En un momento de pánico, intenté sostenerlo con mis brazos y quitar la presión de más de 4,5 toneladas macizas para librarme. Pero cuando vi la realidad, comprendí la gravedad de la situación y clamé dos veces: "¡Dios, ayúdame!" Escuché al conductor del camión llamar al 911. Cuando colgó el teléfono, le rogué que apagara el motor, porque la vibración que producía sobre mí era transmitida por el eje directamente dentro de mi cuerpo. Pequeñas cantidades de sangre comenzaron a salir de mi boca cuando intentaba hablar. Pude ver al conductor colocar de nuevo el gato y levantar el camión quitándolo de mi cuerpo. Tenía miedo de que se cayera otra vez, y quise escaparme de debajo de aquel camión del peor modo. El gran parachoques delantero de cromo estaba justo detrás de mi cabeza, lo alcancé con ambas manos y me agarré de su borde inferior. Utilicé toda la fuerza que tenía para salir de allí, pero solo fue suficiente para que mi cabeza asomara de debajo del camión. Me mantuve consciente el tiempo necesario para ver a la primera persona que respondió al llamado del 911.

La siguiente cosa que recuerdo es que yo estaba al menos a 3 o 4,5 metros por sobre la escena, mirando hacia abajo y viéndome a mí mismo y toda la situación. La parte más extraña de mi experiencia "fuera de mi cuerpo" fue sentirme como si fuese solo un espectador de lo que sucedía allá abajo. Fue como mirar una película. No sentía ninguna emoción, solo una sensación de paz. Escuché a un hombre decirle a otro que no había forma alguna de que yo pudiese continuar con vida, y no me importó. Desde mi punto de vista, podía decir que mi cuerpo aún estaba en su mayor parte debajo del camión, pero que mi cabeza sobresalía del parachoques delantero. Podía ver que mis ojos estaban cerrados y que mi cabeza estaba inclinada hacia el lado del conductor del

camión. El hombre con el que yo había trabajado estaba arrodi-
llado a mi lado y lloraba y me acariciaba la cabeza mientras me
hablaba. Yo podía oír y entender cada palabra que decía.
Lo más increíble no fue que tuviera esta experiencia, sino lo
que vi después. A cada lado de mi cuerpo había dos ángeles, también arrodillados, que miraban hacia el frente del camión. Desde
mi ventajosa posición, los miraba desde arriba y por detrás de
ellos. El conductor del camión mide más de 1,80 metros de altura;
sin embargo, las cabezas de estos ángeles estaban al menos medio
metro por encima de su cabeza. Si hubiesen estado de pie, creo
que habrían estado cerca de los 2,40 metros de altura. Tenían los
hombros muy amplios y parecían ser extremadamente musculo-
sos. No tenían alas. Cada ángel había colocado sus brazos debajo
del camión dirigidos hacia mi cuerpo. Tenían rizos de pelo rubio y
largo que caían al menos hasta la mitad de sus espaldas. Llevaban
trajes color blanco o marfil. Era difícil de decir el color exacto
debido a una luz amarillenta que rodeaba a cada ángel. Parecían
brillar. También noté que la tela de sus trajes era inusual. Era un
material tejido, pero el grosor del hilo era muy grande, como cuer-
das. En apariencia, la tela era muy fuerte y duradera. Los ángeles
nunca se movieron; estaban quietos como estatuas. No pude ver
sus rostros porque mi posición estaba por detrás de ellos, pero, por
lo que vi, eran aparentemente idénticos.

Vida o muerte

Comenzaron a llegar más personas a la escena del accidente, y yo
seguía viendo desde arriba. Una paramédica pelirroja llegó, habló
con alguien y caminó hacia el lado del conductor del camión.
Quitó al conductor de en medio y le preguntó mi nombre. Ella
sostuvo mi cabeza, golpeó mis mejillas y me dijo que abriera los
ojos.

Siguió repitiéndolo en voz alta, y lo siguiente que supe es que ya no veía desde arriba, sino que la miraba con mis propios ojos. Me dijo que era muy importante que mantuviera los ojos abiertos. Pensé en lo que ella me decía y comprendí que había estado fuera de mi cuerpo hasta que me hizo abrir los ojos. Esto me llevó a creer que lo que decía era verdad y era importante; ¡estaba al filo de la muerte! Luego pensé en los ángeles que había visto. Miré hacia donde estaban, pero esta vez no pude ver nada con mis ojos humanos.

Mientras estaba tendido allí, escuchaba una voz en mi cabeza que me decía que cerrara los ojos y me diera por vencido. Cuando los cerré, el increíble dolor se detuvo y pude sentir que mi espíritu salía de mi cuerpo. Pero también había otra voz; esta era más calma, más bien como un susurro. Me decía que si quería vivir tendría que luchar, y que sería una dura lucha. Era casi como si la paramédica pelirroja pudiese escuchar esa voz también, porque entonces me preguntó quiénes eran mis motivos para luchar por sobrevivir.

Únicamente pude pensar en mi esposa y mis cuatro hijos. Estas dos voces, o pensamientos conflictivos, daban vueltas en mi cabeza. Si piensas en aquella vieja caricatura de un diablo sobre un hombro y un ángel sobre el otro, podrás imaginarte lo que me sucedía. La voz más fuerte, que me decía que me rindiera y muriera, no era de Dios, pero la voz que susurraba y me decía que luchara, sí. Como siempre, el diablo promueve la muerte y Dios promueve la vida. También es interesante notar que Dios siempre nos dirá la verdad. Él me advirtió que sería una dura lucha, y así fue. Parece que muy a menudo la decisión correcta no es la más fácil.

Fui transportado en ambulancia a un hospital local, y luego por aire al centro de traumatología más grande del Estado. Me mantuve despierto todo el tiempo, luchando por permanecer atento y rehusándome a cerrar los ojos. Cuando los médicos de emergencias comenzaron a examinar mi cuerpo, se quedaron asombrados. Había tantas heridas que no podían decidir por dónde empezar o qué hacer. Me habían dado varias unidades de sangre, pero esta siguió filtrándose en mi cavidad estomacal.

Cuando me llevaban otra vez para una tomografía computada, todo a mi alrededor comenzó a oscurecerse, y aunque no había sido capaz de hablar por bastante tiempo, el Señor me dio la fuerza para decirles:

–Voy a morir, ¡tienen que hacer algo ahora mismo!

Varias semanas más tarde, los médicos me dijeron que tan pronto como les dije eso, ¡mi presión sanguínea cayó abruptamente! Me sacaron de la máquina y me llevaron de urgencia al quirófano.

Los médicos me operaron solo por el tiempo necesario para volver a unir las venas y arterias que se habían cortado. Habían llamado al jefe de residentes de cirugía a su casa. Él le dijo a mi familia que en todos sus años como médico de urgencias, nunca había visto a alguien tan herido y aún con vida. Le dijo a mi familia:

—Cruzaré mis dedos y esperaré al menos seis horas para ver si aún está vivo antes de operarlo otra vez.

—Usted puede cruzar sus dedos, pero yo, junto con otras personas, oraremos por su vida —respondió mi esposa.

Las oraciones fueron respondidas, y los médicos terminaron la operación la mañana siguiente. Tuvieron que extraer la mayor parte de mi intestino delgado y hacer varias reparaciones más para combatir mis graves heridas internas. Decidieron no hacer nada con las dos vértebras que habían quedado rajadas como telaraña en mi columna; intentarían dejar que se sanen solas.

Lo siguiente que recuerdo es que desperté unas semanas más tarde. Había tenido tres operaciones durante ese tiempo, y mi esposa nunca se separó de mi lado. La noche de mi accidente, ella estaba en la escuela de nuestros hijos en una reunión de padres y maestros. Cuando llegó a casa y se enteró de las noticias, cayó de rodillas y le entregó todo a Dios, sabiendo que Él le daría la fuerza para atravesar cualquier cosa que tuviera por delante. Lo único que trajo consigo al hospital fue su Biblia. Para el asombro de todos, fui enviado a casa un poco más de un mes después del accidente. Pero después de algunos días, estaba nuevamente en el hospital con severas complicaciones provenientes del páncreas y el bazo dañados.

Pasé algunas semanas más en el hospital, y pude estar fuera de él el tiempo suficiente como para pasar la Navidad en casa. Entonces volví al hospital. Este ciclo se repitió algunas veces más, y los doctores decidieron que tendrían que hacer otra operación grande. Tenían que extraer otra sección de mi intestino delgado que había muerto y que estaba casi completamente cerrada. Nos dijeron que un adulto necesita un mínimo de cien centímetros de intestino delgado para poder vivir de la comida que ingiere. Yo ya estaba por debajo de esa longitud mínima crítica antes de la cuarta operación, y en ella extrajeron más. Antes del accidente, yo pesaba 82 kilos; tres meses después, ya había bajado de peso a 57 kilos, debido a la inadecuada cantidad de intestino delgado que quedaba en mi cuerpo.

Más milagros

Nueve meses después del accidente, estaba en el hospital para hacerme algunos estudios de preparación para mi quinta operación. Mientras seguían los procedimientos, el radiólogo y su supervisor descubrieron que ahora yo tenía al menos un tercio —alrededor de doscientos centímetros— de intestino delgado. Cuando buscaron en las notas que los médicos habían hecho de las operaciones previas, encontraron que habían registrado un largo total de cien centímetros varias veces durante las primeras tres operaciones, y esto era antes de la extracción que se hizo en la cuarta operación. Les era difícil creer que el jefe del departamento de urgencias y otros médicos hubieran cometido múltiples errores en mi historia clínica y en sus cálculos.

Pero yo creo plenamente que ellos no cometieron ningún error, y esta es la razón. Lo que el radiólogo no sabía es que muchas personas habían orado por mí, y que un hombre llamado Bruce Carlson había volado desde Nueva York para orar a mi favor después de mi cuarta operación. Este hombre a menudo ha mostrado el don de sanidad, y el Señor lo ha usado para sanar a cientos de personas. La Biblia nos dice que, como cristianos, debemos orar por los enfermos para que sanen. A veces Dios prefiere no sanar a alguien con una determinada enfermedad aquí en la Tierra, pero esa es su decisión, no la nuestra. Como creyentes, se nos dice que debemos orar, y los resultados dependen de Dios. Cuando Bruce Carlson oró por mí ese día, puso una de sus manos sobre mi frente. Le pidió al Señor que responda todas las oraciones que la gente había hecho por mí, y cuando dijo eso, sentí algo como electricidad que fluía desde su mano y por dentro de mi cuerpo. Oró para que mi intestino delgado creciera en longitud sobrenaturalmente en el nombre de Jesús, y cuando lo hizo, pude sentir algo meneándose con rapidez dentro de mi estómago. Por supuesto, no supe con seguridad que mi intestino se había alargado hasta que el radiólogo me lo dijo unos meses más tarde.

Ahora ha pasado poco más de un año desde mi accidente, y los médicos no pueden decirme exactamente, a esta altura, cuáles serán los efectos a largo plazo. Yo creo que serán mínimos. Hay todavía algunos síntomas con los que lucho diariamente (hasta ahora), pero sigo mejorando. Mi peso también ha subido hasta llegar alrededor de 72,5 kilos, gracias al intestino adicional. Ahora que ha transcurrido más tiempo, los doctores me han dicho cuán milagroso es que esté con vida. Afirman que mis arterias y venas estaban completamente cortadas, debería haberme desangrado internamente hasta morir en un lapso de alrededor de ocho o diez minutos. En lugar de eso, ¡pasaron más de dos horas y media desde el momento en que se produjeron mis heridas hasta que comenzaron a operarme! También me dijeron que yo era el único caso que tuvieron en el hospital —o en cualquier otro lugar de su conocimiento— de alguien que tuvo estas heridas y sobrevivió. Todos los otros casos habían ingresado ya muertos. Les dije a mis médicos que sabía por qué todavía estaba vivo. ¡Pude ver a los dos ángeles que salvaron mi vida!

La voluntad de Dios sea hecha

Creo que el Señor permitió que sucediera ese accidente para que sus planes se cumplieran al final, y para que su nombre fuera glorificado por medio de él. Desde el principio de esta pesadilla, mi esposa y yo nos hemos aferrado a la promesa que Dios nos da en Romanos 8:28: *"Ahora bien, sabemos que Dios dispone todas las cosas para el bien de quienes lo aman, los que han sido llamados de acuerdo con su propósito"* (énfasis añadido).

Aún es muy temprano para ver todas las cosas buenas que Dios ha planeado que surjan después de esta tragedia, pero ya podemos contemplar algunas cosas más claramente. He visto crecer la fe de mi esposa a pasos agigantados debido a este suceso. Ahora está más cerca del Señor que nunca antes. Nuestra familia es más compasiva hacia las necesidades y problemas de otros. Yo me he vuelto más paciente de lo que solía ser. Nuestra iglesia ha corrido con nosotros para sostener a nuestra familia, de tal manera que aun los miembros más antiguos de la iglesia nos dijeron que nunca antes había ocurrido. Algunas personas que no estaban involucradas en la iglesia o en la vida de oración, han sido atraídas hacia el Señor por primera vez. Algunos han dicho que el accidente ha causado un pequeño avivamiento en nuestra comunidad.

Algunas personas han sido permanentemente afectadas por mi historia de haber visto ángeles que salvaron mi vida. Es difícil

aun para los escépticos argumentar con la realidad de estos milagros cuando se les muestran las evidencias médicas. Más de una
vez he visto gente romper en llanto después de escuchar esta historia, porque los toca profundamente. La gente es afectada cuando es confrontada con la verdad de la realidad, la misericordia y
el amor de Dios.

Por causa de esta verdad, y debido a que Lori y yo queremos
ser obedientes a lo que Dios nos dice, hemos decidido entrar en el
ministerio a tiempo completo. Es claro para nosotros que, aunque
este accidente comenzó como una tragedia, el Señor, conforme a
sus tiempos, ha traído triunfo a su Reino.

CAPÍTULO I

Dios habla a gente común

Dios habla a gente común, todos los días. ¿Eres una persona "común"? ¿Pasas tus días haciendo aquello que necesita ser hecho como trabajar, jugar, comer, dormir, y luego haces lo mismo al día siguiente? La gente común son esas personas con las que te cruzas en la calle, aquellas que ves en el mercado, que se sientan a tu lado en la iglesia y con las que te encuentras para almorzar. Pueden ser de cualquier edad o color; no importa. Dios quiere tener una relación personal con cada uno de nosotros. Cuando Jesús caminó sobre la Tierra, vivió y se comunicó con gente común. Desde pescadores y prostitutas hasta reyes y vagabundos, Él amó a todas las personas. Quería que todos supieran cuán grande era el amor de su Padre por ellos, y llegó hasta lo extremo para mostrar ese amor. Hoy, dos mil años después, su meta permanece intacta.

Los líderes religiosos en los días de Jesús querían saber por qué Él se asociaba con pecadores comunes. Jesús les dijo, en Lucas 19:10: *"Porque el Hijo del hombre vino a buscar y a salvar lo que se había **perdido**"* (énfasis añadido). También les dijo en Mateo 9:12-13: *"...No son los sanos los que necesitan médico sino los **enfermos**. Pero vayan y aprendan lo que significa: 'Lo que pido de ustedes es misericordia y no sacrificios'. Porque no he venido a llamar a justos sino a **pecadores**"* (énfasis añadido). Ninguno de nosotros está libre de pecado, pero Dios permanece fiel a los hijos que piden su perdón. En 1 Juan 1:8 lo dice de este modo: *"Si afirmamos que no tenemos pecado, nos engañamos a nosotros mismos y no tenemos la verdad"*. Es fácil creer que un pecado es peor que otro, pero La Biblia nos dice que *todos* los pecados nos separan de Dios. Romanos 3:23 dice: *"pues **todos** han pecado y están privados de la gloria de Dios"* (énfasis añadido). Aun así, Dios sigue hablando a su gente —su creación— porque nos ama. Ha sido de esa forma desde el principio y sigue siendo así hoy. La Biblia nos dice en Malaquías 3:6a: *"Yo, el Señor, no cambio"*. En Hebreos 13:8 dice: *"Jesucristo es el mismo ayer y hoy y por los siglos"*. Debido a que Dios nos ha creado a cada uno de nosotros como seres únicos, utiliza diferentes maneras para hablarnos. Si pudiéramos examinar cada instancia en La Biblia en la que el Señor se comunica con alguien, descubriríamos que todas ellas pueden estar incluidas en una de las siguientes categorías. Cada una de estas siete categorías será considerada a lo largo de este libro. Dios nos habla por medio de:

1. Oraciones respondidas
2. La Biblia u otra palabra escrita
3. La Palabra hablada por un clérigo u otros
4. Un susurro interno o voz audible: el Espíritu Santo
5. Designios y circunstancias, a veces llamados "destino" o "coincidencia"
6. Sueños y visiones
7. Ángeles.

Debido a que Dios puede hablar y habla a las personas en todas estas formas, sabemos que Él nos escucha.

La pregunta es: *¿lo escuchas tú a Él?* A través de la historia, hubo incontables ejemplos en los que Dios busca a las personas. No importa tu posición social o económica, tu religión, raza u otras circunstancias, Dios te ama, y Él quiere que sepas que su Hijo Jesús murió por ti para que puedas vivir para siempre con Él en el cielo. Esa es la simple verdad. Pero muy a menudo la gente tiene muchas preguntas. ¿Qué deberíamos creer? ¿A quién deberíamos creer? ¿Cuál es la religión o denominación "correcta"? ¿Realmente hay un Dios? Si existe Dios, ¿por qué permite que suceda esto o aquello? No tengo todas las respuestas, pero cuanto más leo La Biblia, más respuestas me son reveladas. Todo lo que realmente necesitamos saber es que Dios nos ama; las preguntas que quedan serán respondidas durante nuestra vida eternal junto a Él. Como dijo Pablo:

Porque conocemos y profetizamos de manera imperfecta; pero cuando llegue lo perfecto, lo imperfecto desaparecerá. Cuando yo era niño, hablaba como niño, pensaba como niño, razonaba como niño; cuando llegué a ser adulto, dejé atrás las cosas de niño. Ahora vemos de manera indirecta y velada, como en un espejo; pero entonces veremos cara a cara. Ahora conozco de manera imperfecta, pero entonces conoceré tal y como soy conocido.

—1 Corintios 13:9-12

Aunque por naturaleza soy incrédulo, no tengo otra opción que creer en Dios. Después de todo, Él me ha hablado por medio de todas las formas que hay en la lista. Por favor, mira la lista de la página 22 otra vez. Bastante increíble, ¿no? Muchos pueden pensar que esto es demasiado improbable o aun imposible de creer. La parte incrédula de mi naturaleza querría estar de acuerdo, pero no puedo. El Señor se ha comunicado y continúa comunicándose conmigo, una persona común, con tanta frecuencia que no puedo negarlo. Déjame decirte en este mismo momento que no he hecho nada para merecer la atención de Dios. Por el contrario, he cometido algunos errores horribles y tomado muchas malas decisiones (tal vez al igual que tú). Aunque no soy digno del amor de Dios, Él me ama de todos modos. Estoy agradecido de que no utilice con nosotros los modelos de "lo suficientemente bueno" o "lo suficientemente santo". El único requerimiento que tenemos para esta salvación es creer en Él y creer que Jesús murió por nuestros pecados. Hechos 4:12 dice: *"De hecho, en ningún otro hay salvación, porque no hay bajo el cielo otro nombre dado a los hombres mediante el cual podamos ser salvos".*

Dios te habla a ti, aunque no tengas fe en Él o en su Hijo Jesús. Detente en este mismo momento y piensa en aquellas veces en tu vida que recibiste lo que necesitabas justo en el momento adecuado. Sigue pensando; hay más. Tal vez fue un llamado telefónico, una oportunidad, o quizás fue un amigo o tu cónyuge. Posiblemente recibiste ayuda cuando pensabas que a nadie le importabas. ¿Lo has atribuido a la coincidencia o al destino? ¿Podría ser Dios quien te ayudaba, buscaba, amaba? ¡Qué hay de aquellas veces en las que realmente tomaste una mala decisión o cometiste un terrible error? ¿Hubo alguien o algo que te lo advirtió? Piénsalo. ¿Intentó Dios hablarte por medio de una persona, una señal o un pensamiento recurrente? Dios quiere lo mejor para nosotros, pero tenemos que estar dispuestos a escucharlo y obedecerlo. A veces es difícil escuchar. Hay muchas distracciones, muchas cosas que nos empujan en diferentes direcciones.

Nuestra elección

Intenta ver otra vez en tu mente la caricatura con un ángel en un hombro y un demonio en el otro. El personaje que está en el medio no es importante, porque podría ser cualquiera de nosotros. La Biblia nos dice que esta es una representación acertada de la vida. Se nos dice que ambos, ángeles y demonios, existen. Los ángeles hacen las obras de Dios, y los demonios hacen las obras del diablo (ver Mateo 13:38-40). Si eres como yo, te será difícil creer en cosas que no puedes ver, pero no es imposible, solo difícil. Del mismo modo en que Dios utiliza diferentes métodos para hablarnos, también el diablo usa tácticas distintas. De manera bastante extraña, ambos emplean métodos muy parecidos para comunicarse con nosotros. La gran diferencia es que Dios nos ama y siempre nos dice la verdad, mientras que el diablo nos odia y nos miente. Pero no te desalientes; Dios nos dice que Él triunfará sobre el maligno (ver Romanos 16:20).

Antes de que sigas leyendo, por favor, detente y ora a Dios. Ora para que Él te dé un corazón que crea, un corazón sabio. Ora para que Dios te dé una mente abierta a escuchar su voz y sus verdades, y para que te dé discernimiento para identificar cuáles son los pensamientos que vienen de Él. La Biblia nos dice:

Si a alguno de ustedes le falta sabiduría, pídasela a Dios, y él se la dará, pues Dios da a todos generosamente sin menospreciar a nadie. Pero que pida con fe, sin dudar, porque quien duda es como las olas del mar, agitadas y llevadas de un lado a otro por el viento.

—SANTIAGO 1:5-6

Alégrate, porque Dios también nos dice en Isaías:

Te tomé de los confines de la tierra, te llamé de los rincones más remotos, y te dije: "Tú eres mi siervo". Yo te escogí; no te rechacé. Así que no temas, porque yo estoy contigo; no te angusties, porque yo soy tu Dios. Te fortaleceré y te ayudaré; te sostendré con mi diestra victoriosa.

—ISAÍAS 41:9-10

Tal vez ya hayas orado a Dios, o tal vez no. Quizá le has pedido a Dios un milagro, una señal o una respuesta. A lo mejor no estás seguro si existe Dios o si Él te escucha. Acaso todavía pones en la balanza las posibilidades, y observas para ver qué pasará en tu vida antes de tomar la decisión de creer en Dios.

Quiero contarte sobre alguien que conozco. Bob (no es su nombre real) y yo solíamos trabajar juntos. Bob tenía algunos inconvenientes en su vida. De qué problemas hablo exactamente, en realidad no importa. Podrían ser el mismo tipo de dificultades que tenemos tú y yo, las de todos los días. Había consultado doctores y hablado con consejeros, pero los inconvenientes continuaban. Hablar no lo había ayudado, y tampoco la medicina. Estos problemas comenzaron a afectar su trabajo, y dado que yo era su supervisor, lo llamé a mi oficina, y me preguntó si algo andaba mal. Realmente sentí pena por este hombre y supe que Dios era el único que podría ayudarlo. Le pregunté:

—¿Crees en Dios?

—Sí —me dijo—, pero no he asistido a la iglesia desde que era joven.

—¿Has intentado orar?

—No se me había ocurrido.

Decidimos orar justo en ese momento y en ese lugar. Luego de unas horas, fui a verlo en su área de trabajo para ver cómo estaba.

—Ningún cambio— me dijo tristemente.

Yo esperaba que me dijera que estaba mejor o al menos un poquito mejor. Me sentí desconcertado y frustrado. ¿Qué es lo que salió mal? (tengo que admitir que Dios me ha consentido en mi vida de oración; pienso debido a mi obstinación que Él ha tenido que correr un kilómetro adicional para alcanzarme).

Inmediatamente, fui a un área donde podía estar solo para orar. Oré por este hombre y le pedí a Dios que respondiera. ¡Lo hizo! En ese instante trajo a mi mente la historia de la mujer samaritana junto al pozo. No sabía cuál era la relevancia, pero sabía que tenía que decírselo a Bob. La historia se encuentra en Juan 4:1-42. Aquí está mi paráfrasis.

Un día, Jesús y sus discípulos pasaban por Samaria y se detuvieron junto a un pozo cerca de un pueblo. Jesús se quedó allí mientras sus discípulos fueron al pueblo a comprar comida. Una mujer del lugar llegó para buscar agua del pozo, y Jesús le pidió de beber. Ella se sorprendió de que le hablara, porque los judíos no se trataban con los samaritanos. Jesús le dijo:

—Si supieras quién te pide de beber, me pedirías que te diera "agua de vida". Cualquiera que beba de esta agua nunca más volverá a tener sed.

—Dame un poco de esa agua para no tener que volver al pozo.

—Ve a buscar a tu marido y vuelve —dijo Jesús.

—No tengo marido —respondió ella.

—Estás en lo cierto al decir que no tienes marido, porque has estado casada cinco veces, y el hombre con el que estás ahora no es tu marido.

Debido a que Él conocía su pasado, ella pensó que era un profeta, y le preguntó cuál era el lugar correcto para adorar. Jesús le respondió:

—Lo importante es adorar a Dios en espíritu y en verdad.

Ella le dijo que el Mesías vendría algún día y podría contestar su pregunta. Jesús le dijo que Él era el Mesías. Ella le creyó y fue al pueblo para que otros vinieran a hablar con Él. La Biblia dice que muchas personas creyeron durante los siguientes dos días, mientras escuchaban a Jesús.

Mientras le contaba la historia a Bob, comprendí lo que Dios intentaba decirle (y también a nosotros). Verdaderamente, antes de que Dios nos ayude, debemos admitir nuestro pecado y humillarnos ante Él. En 2 Crónicas 7:14 dice: *"Si mi pueblo, que lleva mi nombre, se humilla y ora, y me busca y abandona su mala conducta, yo lo escucharé desde el cielo, perdonaré su pecado y restauraré su tierra"*. Le sugerí a Bob que fuera a un lugar donde pudiera estar solo, que confesara sus pecados (conocidos y no conocidos) a Dios, que le pidiera a Dios perdón y que le rogara su ayuda. Me hace feliz contarte que muy poco tiempo después Bob volvió a mi oficina, y me dijo que había orado nuevamente, pero que esta vez sintió como si una pesada carga hubiese sido quitada de encima de él.

Le di un devocional diario para que lo llevara a su casa, y hasta fue a la iglesia ese domingo. El lunes, en el trabajo, me contó que el sermón, "coincidentemente", se había tratado de la mujer samaritana junto al pozo.

Si te sientes identificado con la situación de Bob, si se te han terminado las opciones y piensas que Dios no te escucha o que no le importas o que tal vez ni siquiera exista, oro para que sigas los siguientes cuatro pasos de 2 Crónicas 7:13-22, que te llevarán al perdón y la comunión con Él.

1. Humíllate ante Dios y admite tu pecado (Proverbios 3:34 dice: *"El Señor se burla de los burlones, pero muestra su favor a los humildes"*).

2. Ora a Dios pidiendo perdón (1 Juan 1:9 dice: *"Si confesamos nuestros pecados, Dios, que es fiel y justo, nos los perdonará y nos limpiará de toda maldad"*).

3. Busca a Dios intensamente (Romanos 10:13 dice: *"porque 'todo el que invoque el nombre del Señor será salvo'"*).

4. Vuélvete de tu comportamiento pecaminoso al entregar tu vida a Cristo (1 Pedro 2:16 dice: *"Eso es actuar como personas libres que no se valen de su libertad para disimular la maldad, sino que viven como siervos de Dios"*).

Me encantaría decirte que, si sigues estos cuatro pasos, todo será para ti como siempre deseaste, pero no puedo. Algunas veces la voluntad de Dios no es igual a la nuestra, y a veces sus tiempos no son los nuestros. En esos casos, todo lo que podemos hacer es confiar en Él y creer sus promesas. Sus planes son siempre mejores, porque Él es quien todo lo conoce y es soberano. Jeremías 29:11 dice: *"Porque yo sé muy bien los planes que tengo para ustedes*

—*afirma el Señor*—, *planes de bienestar y no de calamidad, a fin de darles un futuro y una esperanza*".

Llevar un registro

Después de cada capítulo en este libro, encontrarás un área donde puedes escribir las veces y las formas en las que Dios te ha hablado. Este libro llegó a existir gracias a un diario o lista similar que comencé a llevar hace más de diez años. Yo debatía con unos amigos la cuestión de si existía un Dios o no, y no podía recordar todas las cosas que Dios había hecho en mi vida. Así que, al día siguiente, escribí todo lo que pude recordar y guardé la lista en mi billetera. Con el tiempo, fui agregándole más cosas que sucedían.

Documentar los "incidentes de Dios" en mi vida ha sido una herramienta invaluable en mi caminar con el Señor, por dos razones. Mi fe se fortalece cada vez que miro la lista de cosas que Él ha hecho, y me ayuda cuando le cuento a otras personas por qué creo. He visto cómo Dios ha usado esta simple lista para ayudar a otras personas a llegar a esa fe salvadora en Él, y también para ayudar a otros cristianos a profundizar su fe y a crecer más cerca de Él.

Las cosas que Dios ha hecho por mí, que están en mi lista, son el mismo tipo de cosas que Él desea hacer por cualquier persona que quiera tener una relación con Él. Nuestro Señor verdaderamente anhela tener una relación con cada uno de nosotros, una relación íntima, de la clase de "mejores amigos". Cuando este tipo de relación es una realidad en nuestras vidas, comenzamos a conocer y a experimentar a nuestro Señor de una manera más profunda y más completa que antes. Mi oración es que puedas usar este libro como herramienta para ayudarte a comprender cuánto te ama Dios, y para ayudarte a ver lo que Él ha hecho en tu vida y de qué forma te busca, las maneras en que te habla y cómo desea construir una relación contigo.

¡Que el nombre de Dios sea glorificado cada vez que te des cuenta de que Dios te ha hablado, aun antes de que lo escucharas o buscaras! Como Dios nos dice en Isaías 65:24: *"Antes que me llamen, yo les responderé; todavía estarán hablando cuando ya los habré escuchado"*.

CAPÍTULO 2

Dios habla por medio
de oraciones respondidas

Jesús nos dice en Mateo 21:22: *"Si ustedes creen, recibirán todo lo que pidan en oración"*. Si no te caíste de tu silla, por favor, lee nuevamente ese versículo. No sé para ti, pero esa promesa es un poco dura de digerir para algunos de nosotros. Jesús no solo dijo eso, sino que en el versículo anterior dijo: *"Les aseguro que (...) podrán decirle a este monte: '¡Quítate de ahí y tírate al mar!', y así se hará"*. ¿Cómo pudo Jesús decir semejante cosa? Las pistas se encuentran en la primera parte de cada uno de ambos versículos: *"Les aseguro que si tienen fe y no dudan..."* y *"Si ustedes creen..."*. Para que nuestras oraciones sean respondidas, debemos tener fe en Él y en su capacidad y poder. Tenemos que creer que Él puede y que hará lo que es mejor para nosotros y para aquellos que amamos. Sea lo que fuere aquello por lo que oramos, tiene que ser para nuestro bien o para el bien de alguien más; y lo más importante, nuestras oraciones necesitan estar alineadas con la voluntad de Dios.

Déjame hacerte una pregunta: si oras para ganar la lotería, para que tu equipo gane el juego o por algo similar, ¿podrías honestamente orar sin tener ninguna duda? ¿Es posible que alguien necesite el dinero más que tú? ¿Es posible que haya una razón más importante por la que otro equipo necesite ganar? Dios quiere responder nuestras oraciones, pero también desea que tus oraciones estén alineadas con su voluntad. Cuando oramos, no podemos simplemente pedir lo que queremos. Primero debemos preguntarle a Dios cuál es su voluntad y qué quiere Él para nosotros.

Dios responde oraciones

Has leído en la página 22 sobre la lista en la que he creído. También he mencionado que creo que Dios me ha consentido en mi vida de oración. Cuando comencé a anunciar estas historias de "Cómo Dios habla" con otras personas, me molestaba que mucha gente no hubiera tenido las mismas experiencias que yo, o que a menudo no se dieran cuenta cuando las tenían. Desde entonces, he encontrado a varios cristianos con historias similares a la mía. Y he llegado a la conclusión de que con frecuencia Dios nos habla cuando más lo necesitamos, pero que si no prestamos atención, no podemos oírlo. Una y otra vez Dios ha utilizado la tragedia para traer a las personas más cerca de Él. A veces no somos nosotros los que causamos las tragedias en nuestra vida, pero si tú eres como yo, lo hacemos a menudo.

Mi vida de oración comenzó debido a un accidente que tuve cuando tenía cinco años de edad, y es la primera cosa que recuerdo que me sirvió de prueba con respecto a la realidad de Dios. No le conté a nadie esta historia hasta después de veinte años de que había sucedido. Mi esposa fue la primera persona a la que se la conté, y desde entonces, de algún modo, se ha vuelto más fácil para mí contarlo a otros. La única vez que recuerdo haber asistido a la escuela dominical siendo un niño, fue esa vez que fui con mi abuelo y mi abuela. Su iglesia era una pequeña iglesia de campo, y después del servicio, los niños iban al sótano para la escuela dominical. Como yo era nuevo en el grupo, el maestro me tenía sentado a su lado. Otros tres niños se sentaron alrededor de la mesa con nosotros. La lección del día era sobre aquella vez en que la gente traía a los niños a Jesús para que El los tocara. Sus discípulos trataban de ahuyentarlos para poder atender cosas más importantes. Jesús se enojó y dijo a sus discípulos que permitieran a los niños acercarse (ver Mateo 19:13-15). El maestro de la escuela dominical nos enseñó que esto probaba cuánto amaba Jesús a los niños, y que podíamos estar seguros de que Él podría escucharnos cuando oráramos. Recuerdo haber pensado que aun cuando pudiera decirle al maestro que sinceramente creía esta historia, no estaba tan seguro.

Durante esa época en mi vida, mi padre era conductor de camiones y mi madre también trabajaba fuera de casa. Debido a que era pequeño, algunas veces tuve que quedarme con otra familia hasta que mis padres volvieran de sus trabajos. Esto quería decir que, ocasionalmente, tenía que pasar la noche allí también. La otra familia tenía un niño y una niña que eran mayores que yo. Los padres tenían muchas revistas y películas pornográficas. A veces se embriagaban y realizaban sus actos sexuales, y nos animaban a nosotros, los niños, a "divertirnos" también. Me dijeron que ese era un secreto, y que si les contaba a mis padres, se enojarían mucho. Después de un tiempo descubrí que ciertas cosas me hacían sentir bien. Un día, cuando teníamos visitas en nuestra casa, mostraba a uno de nuestros visitantes un "truco" que había aprendido en casa de mis niñeros. Mi madre me atrapó en el acto, y me preguntó dónde había aprendido tal cosa. Le dije que el hijo de mis niñeros me lo había mostrado; nunca le dije sobre los padres. No mucho tiempo después, mi madre me encontró poniéndome su maquillaje. Me dijo que iba a contarle todo a papá tan pronto como él llegara a casa.

Recuerdo haber escuchado, a través de la puerta de la cocina, la conversación entre mi mamá y mi papá, tarde esa noche. No puedo decir cuán mal y sucio me sentí. Mis padres estaban muy molestos porque no lograban entender por qué no les había contado lo que sucedía, y estaban preocupados por mi futuro. Muy profundo en mi corazón, sentí que todo era completamente por mi culpa, y que yo era verdaderamente una mala persona. Entonces recordé lo que había dicho el maestro de escuela dominical sobre Jesús, que respondía las oraciones (ahora estoy seguro de que era el Espíritu Santo quien me lo recordaba). Allí mismo decidí que, aunque la oración no funcionara, no tenía nada que perder. Para aquellos de ustedes que tienen hijos, o si pueden recordar cuando eran chicos, mi oración de ese día tendrá sentido. Le pedí a Jesús que viniera y me diera un abrazo; solo quería que me confortara. Instantáneamente, hubo una luz brillante y sentí sus brazos rodeándome, sosteniéndome. Sentí como si me hubieran sumergido en amor líquido de la cabeza a los pies. Ya no podía escuchar la perturbadora conversación de mi mamá y mi papá. Todo lo demás se había ido, excepto el más asombroso sentimiento de puro amor. Esa noche me quedé dormido en los brazos de Jesús. Aunque todo esto sucedió hace mucho tiempo, todavía puedo recordar lo bien que me hizo sentir. Jesús nos dice en Mateo 11:28: *"Vengan a mí todos ustedes que están cansados y agobiados, y yo les daré descanso"*.

Mi siguiente oración respondida no fue tan dramática, pero aún me impresiona el poder de la oración. Cuando tenía 7 u 8 años, había una regla en nuestra casa de que no debíamos abrir el armario de nuestros padres. Yo rompí esa regla y encontré en el armario una pelota de béisbol. Pensé que sería divertido jugar con ella, así que decidí salir a pelotear un poco donde no pudiera ser visto. Me divertí tirándola sobre el techo de nuestro granero y tratando de atraparla cuando rodaba hacia abajo. Todo iba bien hasta que la arrojé un poco más fuerte, pasó por encima del granero y cayó del otro lado. Delante del granero el pasto estaba podado. Pero del lado trasero, los yuyos y el pasto eran tan altos como yo.

Busqué la pelota en el pasto crecido por horas ese día, y no pude encontrarla. Seguí buscando intensamente al día siguiente, y tampoco pude hallarla.

Al tercer día la busqué toda la mañana hasta la hora del almuerzo, sin encontrarla. Ya comenzaba a entrar en pánico porque mi padre estaba por llegar a casa. Tenía miedo de estar en problemas por haber abierto el armario y por extraviar la pelota. Después de almorzar, mientras volvía al granero, recordé cómo Dios había respondido mi oración unos años antes. Oré para que me ayudara a encontrar la pelota. Esta vez caminé entre el pasto alto e inmediatamente encontré la pelota. Le dije a Dios "Gracias", y le prometí que no la tomaría de nuevo. Aunque esto puede sonar como una cosa pequeña, fue otro escalón en mi camino para confiar en Dios.

Cuando tenía 14, a mi hermano de 5 años le diagnosticaron cáncer. Los doctores les dijeron a mis padres que había una gran probabilidad de que mi hermano muriera. Mientras mis padres estaban en el hospital, yo me quedé en casa con mi otro hermano menor. Después de unos días, mis padres decidieron que todos debíamos ir y estar en el hospital con mi pequeño hermano, porque él podría no volver a la casa. Me rehusé a ir. Mis padres se enojaron conmigo, pero finalmente se rindieron y me permitieron quedarme en casa. No dije nada a mis padres, pero la razón por la que quería quedarme en mi casa solo era para poder orar por mi hermano como lo había hecho en el pasado. Como Dios había respondido mis dos oraciones anteriores, estaba seguro de que me respondería esta vez también.

Conseguí una Biblia, miré varias palabras y promesas en el índice y escribí en un trozo de papel la ubicación exacta de los pasajes por capítulo y versículo. Entonces comencé a orar. Le dije a Dios que estas eran sus promesas, no mías. También le dije que, como ya había visto antes su poder, sabía que podría responder mi oración. Le pedí que sanara a mi hermano completamente.

Cuando terminé de orar esa noche, supe con todo mi corazón que Dios iba a sanarlo. Durante las semanas y meses siguientes el cáncer de mi hermano desapareció, y ni siquiera perdió su cabello con los tratamientos. Aunque sé que mucha gente ha orado él, creí que Dios lo habría sanado aun si yo hubiese sido el único que hubiera orado; no debido a algún mérito propio sino porque yo sabía que Dios podría responder a mi oración, y lo haría. No lo sabía en ese momento, pero La Biblia nos dice que la fe en Dios es un don (ver 1 Corintios 12:4-11). A través de mis experiencias previas, Dios había nutrido este don. Todavía tengo ese trozo de papel con la lista de versículos, y la he usado muchas veces, a lo largo de los años, para recordarme del poder y el amor de Dios.

Dirección equivocada

Durante la escuela secundaria comencé a tomar algunas decisiones bastante malas. Una de esas decisiones me llevó a dejar a una chica embarazada. Ella había realizado un test privado de embarazo que había dado positivo. Fuimos a una agencia de salud local y sus exámenes dieron el mismo resultado. Nos ofrecieron diferentes opciones y nos fuimos. Teníamos claro que no queríamos realizar un aborto, pero no sabíamos qué hacer. Luego de dejarla en su casa, volví a la mía y clamé a Dios una vez más. Comencé a orar alrededor de las 19:00, y no me detuve sino hasta las 09:00 del día siguiente. Le dije a Dios que lo sentía. Le pedí perdón y ayuda. Le expresé que no creía ser lo suficientemente grande como para ser padre, pero que abandonaría la escuela y lo intentaría. También le dije que si hubiese alguna forma de que El cambiase la situación, o deshiciese lo que habíamos hecho, preferiría esa opción. Mi novia llamó esa noche, tarde, y dijo que había perdido el embarazo.

Esto me mostró que cuando cometemos errores, Dios nos sigue amando y aún responde nuestras oraciones. También me mostró que, muy a menudo, hay serias consecuencias para nuestro pecado. Si piensas que has cometido demasiadas equivocaciones, o un error muy grande como para que Dios te ame o conteste tu oración, piénsalo de nuevo. Sé que para algunas personas que leen esto les llevará tiempo aceptar que aquello en lo que creí, realmente sucedió. Tengo que decirte que aunque no estaba listo para ser padre, después de la pérdida del embarazo sentí tanto castigo como alivio. Leemos en los capítulos 11 y 12 de 2 Samuel sobre un tiempo en el que Dios hizo algo muy parecido con su siervo David. David había robado la esposa de otro hombre y luego lo mandó matar. La mujer quedó embarazada, y después de que el niño había nacido, Dios tomó la vida del niño como castigo por lo que David había hecho. Algunos podrán pensar que esto no era justo para el niño, pero ¿quién puede conocer el futuro o la mente de Dios? Es muy posible que fuera más misericordioso que Dios tomara las vidas de mi niño sin nacer y del hijo de David, que dejarlos crecer en las situaciones en las cuales fueron creados.

Adicción

Más tarde tuve una novia por varios años. Nos comprometimos e íbamos a casarnos después de terminar nuestros estudios en la universidad. Desafortunadamente, me encontré involucrado en las drogas, y aquello que comenzó como una diversión se volvió un serio problema de adicción. Usaba las drogas para aliviar el dolor que sentía en mi interior, que era causado por diferentes cosas que habían sucedido durante mi infancia. Las drogas me daban una sensación de paz; desafortunadamente, este tipo de paz solo duraba hasta que el efecto de la droga terminaba. Mi adicción a las drogas provocó que mi novia y yo tuviéramos muchas peleas, y un día ella terminó con nuestra relación. Por dos años intenté llenar el hueco que dejó en mi vida con más drogas y alcohol. Aunque había decidido no volver a tener novia, hubo unas pocas "salidas de una noche" durante ese período, pero nunca hubo nada serio con ninguna de ellas.

Una noche en particular, tenía planeado salir a tomar unos tragos con mi compañero de habitación, como siempre, pero cuando llegó el momento no quise ir. Me sentía deprimido y solo quería esconderme en mi dormitorio. A pesar de que esto pueda sonar extraño para algunos, había decidido que orar a Dios era solo para emergencias, para aquellas veces en las que yo no podía hacer algo por mí mismo o controlar mis propias circunstancias. Esta era una emergencia. Me fui a la cama esa noche y oré. Oré para que Dios me enviara una pareja, alguien que me amara sin importar nada más, alguien que me amara aun con todos mis problemas.

Durante ese tiempo, corría con motocicletas preparadas para competir sobre hielo. Se suponía que debía correr al día siguiente, pero mi motocicleta necesitaba reparación, así que fui a la carrera con mis amigos como espectador. Mientras estaba allí, vi a Lori, una compañera de clases de la escuela. Nos dijimos "Hola", pero nada más. Después de la carrera entregaban los premios a los ganadores en una taberna cercana que había patrocinado la competencia. Uno de mis amigos y yo decidimos quedarnos y tomar unos tragos. Tomamos nuestro primer trago y comenzamos a jugar una partida de billar, y entonces miré hacia el bar y vi a Lori. Parecía como que una luz resplandeciente brillara sobre ella. Le pregunté a mi amigo:

—¿Estará sentada debajo de una luz?

Él me miró de manera graciosa, y dijo:

—No, ¿por qué dices eso?

Decidí tomar otro trago y ver si ella estaba sentada debajo de alguna luz escondida. Cuando llegué allí, vi que no había ninguna luz en el cielorraso sobre ella.

No me di cuenta de que Dios me mostraba a mi futura esposa, porque no pensaba que ella fuera de mi tipo. Tuvimos una pequeña charla por un corto tiempo y volví a mi juego de billar. Al poco tiempo miré hacia donde ella estaba de nuevo, y esta vez parecía que sus dientes resplandecían. Le pregunté a mi amigo si había notado que los dientes de la rubia brillaban. Me dijo que yo había tomado demasiados tragos. No obstante, esa noche invité a Lori a una cita para la semana siguiente. Me tomó unas semanas comprender que Lori era la respuesta de Dios a mi oración por una pareja, y que esa era la razón por la que solo yo podía verla brillar.

Ahora, después de habernos disfrutado uno al otro por más de catorce años y de haber tenido juntos cuatro hermosos hijos, sigo agradeciéndole a Dios porque Él supo que ella era mi tipo. ¡Dios es bueno!

Después de casi un año de estar de novios, Lori y yo decidimos casarnos y establecimos una fecha. Yo soy mecánico de oficio, y no creía que el trabajo que tenía en un garaje local pudiera proveer lo suficiente para mantenernos. Pensé que, si Dios estaba tan dispuesto a contestar mis oraciones en momentos críticos, también estaría dispuesto a responder a las oraciones sobre las necesidades diarias. Tomé esa posibilidad y oré por un trabajo mejor. La semana siguiente, mientras estaba en una clase de entrenamiento en otra ciudad, una de las personas allí me ofreció un trabajo que no pude rechazar. Lori y yo cambiamos nuestra fecha de boda, nos casamos y nos mudamos al otro pueblo.

Odio admitir que me tomó veinte años comprender que Dios estuvo conmigo todo el tiempo, sin importar cuán grande o pequeño fuera el problema. Supongo que a veces no soy alguien que aprende rápidamente. ¿Y tú? Debido a que Dios había sido tan fiel, comencé a clamar a Él más y más, ¡y Él siguió superando mis expectativas! Nos dice en Filipenses 4:6: *"No se inquieten por nada; más bien, en toda ocasión, con oración y ruego, presenten sus peticiones a Dios y denle gracias"*.

Vida diaria

Después de estar casados por un tiempo, mi esposa y yo decidimos tener un perro. Esperábamos tener niños en unos años, así que queríamos un perro que fuera bueno con los niños. Decidimos orar por un buen perro para la familia. Muy poco tiempo después de nuestra oración, un amigo del trabajo nos dijo que tenía un cachorrito que le había quedado de la última camada. La cola de la perrita estaba quebrada porque se le había quedado atrapada en la puerta de la perrera. Aparentemente, nadie la había elegido por su cola torcida. Supimos enseguida que esa era la respuesta a nuestra oración. La trajimos a casa. Resultó que Eva era una perra excelente, excepcionalmente inteligente, fácil de entrenar, buena con los niños y una buena protectora. Dios guardó a la perra con la cola torcida para nosotros, para que pudiéramos tener el mejor can que podríamos haber deseado. Si hubiésemos ido a comprar un perro sin haber orado primero, probablemente no la habríamos escogido, pero debido a que oramos primero, Dios nos proveyó lo mejor para nosotros. ¡Dios habla por medio de las oraciones respondidas!

Cuando conocí a Joe (no es su nombre real) en el trabajo, él estaba como la mayoría de nosotros, luchando por cumplir sus metas. Había ahorrado suficiente dinero para comprar un segundo vehículo para que su esposa pudiese tener un auto. Poco tiempo más tarde, su esposa arruinó el coche. Él me contó sobre el accidente y sus detalles no parecían tener sentido. Cuando dudé, llamó a su esposa y ella admitió que había estado con otro hombre cuando tuvo el accidente. Joe estaba devastado y yo me sentía muy mal por haber iniciado el interrogatorio. Durante las semanas siguientes las cosas empeoraron en su casa y finalmente él se fue y se mudó al granero. Un día, mientras yo caminaba cerca del camión en el que él trabajaba, me di cuenta de que estaba debajo del camión llorando; me detuve y pensé qué decirle para hacerlo sentir mejor, pero solo podía enfocarme en la bajeza que su esposa había cometido.

Al estar allí parado, el silencio se hizo incómodo, entonces decidí pedirle a Dios que me diera algo bueno para decirle a Joe. Instantáneamente, Dios me dio un par de versículos de La Biblia para recitarle. Hablamos un poco sobre Dios, y Joe dejó de llorar. Me agradeció por hablar con él. Esa noche, camino al granero, Joe se detuvo en una iglesia. No había nadie allí, pero entró de todos modos y oró a Dios. Al salir, tomó un devocional diario. Cuando estuvo de vuelta en el granero leyó el material. ¡En el devocional de ese día estaban los mismos versículos de La Biblia que yo le había dicho más temprano!

Cuando entré en el estacionamiento a la mañana siguiente, vi a Joe sentado en su vehículo. Esto me sorprendió porque normalmente llegaba cinco o diez minutos tarde. Salió de su camión con el devocional en su mano y me preguntó si lo había leído el día anterior. Le dije que no, y pregunté por qué era importante. Me contó de cuando se detuvo en la iglesia. Siguió diciendo que si las cosas que le dije el día anterior eran un mensaje enlatado, carecían de valor. Le expliqué que había orado a Dios para que me diera algo reconfortante para decirle, y que Dios me había dicho qué versículos de Las Escrituras recitarle. También le dije que el devocional que tenía no era el mismo que yo usaba. De hecho, yo pertenecía a una iglesia de una denominación completamente diferente. Joe encontró estos hechos difíciles de creer.

Siento mucho decir que, a esta altura, yo estaba enojado y me fui a trabajar, dejando a Joe de pie allí en el estacionamiento. Pienso que no importó, porque Dios ya le había probado ese punto a Joe. Dios lo buscaba y le mostraba su amor. A menudo alabo a Dios por tener el poder (y la paciencia) de usar a alguien tan imperfecto como yo para hacer su obra. Joe terminó comprendiendo que Dios era quien me había dado aquellos versículos para él, y que luego lo había confirmado con los mismos versículos en el devocional. Joe llegó a tener fe en Dios, y aún más, llegó a ser maestro de la escuela dominical por unos años. Joe y su esposa se reconciliaron, pero solo por el tiempo suficiente para que pudiese traerla a la familia de Dios. A veces Dios tiene la eternidad en mente, no solamente el aquí y ahora.

Luego de unos años, el negocio donde yo trabajaba fue vendido y trasladado a un pueblo vecino. Pasé de ser un jefe en el primer lugar, a ser capataz del turno de día en el segundo lugar. Dios nos bendijo grandemente. Comenzamos a tener hijos y compramos una casa más cerca de mi nuevo trabajo. Debido a que creemos en el diezmo (damos a Dios el 10% de mi salario bruto), y debido a los gastos adicionales de los niños y de una vieja casa, a veces nos encontramos en tiempos de estrechez financiera. Oré y le pedí a Dios más dinero para que pudiéramos vivir. Al día siguiente, en el trabajo, mi supervisor fue despedido por algunas acciones inapropiadas. Los dueños de la compañía me pidieron a mí que quedara en el puesto de gerente hasta que pudieran contratar al reemplazo. Lo hice, y al poco tiempo me ofrecieron el trabajo, el cual acepté.

Como siempre, Dios respondió mi oración con más de lo que podría esperar. Los dueños me trataron muy bien y me enseñaron mucho sobre la gente y los negocios. Eran hombres cristianos, y yo los respetaba mucho (y aún los respeto). Afortunadamente, tuvieron mucha paciencia y se tomaron el tiempo para explicarme las cosas. Dios me bendijo con mucha habilidad técnica que logré como mecánico. Debido a esto, había sido capaz de ejercer mi antiguo trabajo con comodidad. Mi nuevo puesto era otra historia. Tenía muy poca destreza como supervisor, y muchos de mis empleados eran mayores que yo. Tal es así, que no me sentía muy seguro como gerente, y a menudo evitaba la confrontación que hubiese beneficiado a mi departamento. Aunque no podía contar conmigo mismo, sabía que podía contar con Dios, y fue en este punto de mi vida cuando comencé a depender y estar más cerca de Él.

Cuando nuestro sector no tenía suficiente trabajo como para mantener a los mecánicos ocupados, iba a algún lugar privado y le pedía a Dios que nos enviara trabajo. Algunas veces, antes de terminar mi oración, el teléfono comenzaba a sonar. Si teníamos un trabajo en el que no podíamos encontrar la solución, oraba para tener la guía que nos ayudara a resolver el problema. Cuando no podíamos cubrir un puesto de trabajo, oraba y Dios enviaba a alguien. Finalmente me di cuenta de cuánto dependía de Dios cada día. Todavía me deja perplejo la forma en que Dios puede ser tan fiel con nosotros cuando no siempre somos fieles a Él. Sé que no soy perfecto, pero todavía Dios continúa hablándome por medio de las oraciones respondidas.

La fidelidad de Dios

La siguiente experiencia pudo haber sido citada en el capítulo 7 de este libro, en los sueños y visiones, o en el capítulo 5, del Espíritu Santo, pero te la cuento ahora porque fue una oración respondida. A medida que nuestros hijos se hacían más grandes, pasaban más tiempo afuera. Vivíamos cerca de una autopista importante, y después de que un automóvil casi embiste a uno de nuestros hijos, decidimos construir una casa en un área más rural. Pasamos más de un año buscando planos de casas y un terreno lejos de las rutas. Finalmente encontramos un lote y un plano para la casa que podría acomodarnos a los seis.

Luego de hablar con el banco y de calcular los costos, comprendimos que no podríamos afrontar los gastos con mi ingreso actual. Mi revisión laboral anual estaba pronta a llegar, así que decidí hablarle a mi jefe sobre esta situación de antemano. Le expliqué que necesitaría un aumento de cinco mil dólares anuales para continuar con nuestros planes familiares. No hizo ninguna promesa, pero dijo que lo pensaría y me daría una respuesta en poco tiempo. Le dije a mi esposa que si no se me concedía lo pedido, tendría que renunciar. Desafortunadamente, soy una persona obstinada (a veces testaruda). Me gustaría decir que simplemente soy determinado, pero sería una mentira. La noche anterior convenida para hablar con mi jefe, decidí orar por si acaso no había podido convencerlo. Esa noche tuve un sueño (o visión). En él, podía verme a mí, a mi jefe y a la persona de recursos humanos sentados en la oficina de recursos humanos. Escuché a mi jefe que decía que me daría dos mil quinientos dólares, luego me desperté. Al principio estaba loco, pero después me di cuenta de que Dios intentaba hablarme. El suave susurro en mi cabeza (el Espíritu Santo) me decía que no fuera tonto, sino paciente. Por la mañana le conté a mi esposa sobre mi sueño y lo que el suave susurro había dicho. Supe que Dios me preparaba para el resultado de la revisión. Ese día mi jefe me dio un cheque adicional de dos mil quinientos dólares, pero no me dio ningún aumento. Si Dios no me hubiese dado ese sueño (o visión), yo habría entregado un preaviso de renuncia con dos semanas de anticipación, porque eso era lo que había pensado hacer. Aunque Dios no me concedió lo que yo quería, de todas maneras respondió mi oración dándome el sueño y diciéndome que fuese paciente.

No mucho tiempo después de que sucediera esto, mi suegra tuvo algunos problemas de salud más bien serios. Debido a que Lori es hija única, sintió que debía ir a vivir a su casa lo más pronto posible. Aunque yo quería salir de nuestra casa, no estaba seguro de mudarnos al área de nuestro pueblo originario, porque allí había bastante depresión económica. Tenía miedo de no poder mantener a nuestra familia con solo un ingreso. Lori y yo queríamos que ella pudiese quedarse en el hogar con los niños, y no trabajar fuera de casa, así que no sabía qué hacer. Sabía que si dejaba mi trabajo, no habría nadie que trabajara entonces en mi departamento que pudiese tomar las responsabilidades de la gerencia. Aunque mi jefe no me había dado lo que quería, yo tenía un profundo sentimiento de gratitud hacia los dueños y no quería que la compañía sufriera. Oré a Dios y le dije que si debíamos mudarnos a nuestro pueblo, Él debería proveerme un reemplazo en el trabajo y un empleo para mí cerca de nuestro hogar. En una semana, me dio ambas respuestas.

Unos años antes un hombre me había contado sobre un empleado que solía trabajar para él. Lo elogió y dijo que si yo alguna vez tenía la posibilidad de contratarlo, debería hacerlo. Dos días después de que oré por mi reemplazo, ese hombre se presentó para un puesto de mecánico. Tuve una oportunidad y, cuando lo contraté, le conté que había orado por un reemplazo para mí y que sentía que Dios lo había enviado a él. Le dije mis planes secretos de dejar la compañía en alrededor de un año, y que comenzaría a entrenarlo ahora mismo. Debido a que los dueños no sabían que planeaba marcharme, tendríamos que hacerlo de manera encubierta. Comencé a hacer una lista completa de mi rutina diaria. También anoté todos los errores que había cometido para que él aprendiera de mis equivocaciones. La última lista que hice era de todos los cambios que pensaba que deberían hacerse para lograr que el sector fuera más productivo. Algunos de estos cambios eran drásticos, de modo que los dueños tendrían que tomar aquellas decisiones.

Estaba un poco nervioso con respecto a cómo reaccionarían los dueños si les decía que planeaba dejarlos en un año, así que esperé hasta que solo quedaban tres meses, y les conté. Les di mi aviso de renuncia y les dije que había orado por mi reemplazo, y que Dios había enviado a este hombre. Me sorprendí cuando me dijeron que no era un asunto mío buscar un reemplazo. Pusieron anuncios en el periódico e informaron sobre el empleo internamente. Cuando todo estaba dicho y hecho, estuvieron de acuerdo con Dios y me reemplazaron con el hombre al que yo había entrenado. Mientras tanto, me habían pedido un análisis del sector. Les di la lista que había hecho, y luego que hicieran sus propias investigaciones, hicieron muchos de los cambios que yo había sugerido. Durante el período de entrenamiento de mi reemplazo, a menudo oraba a Dios para que ayudara a este hombre a hacer un trabajo mucho mejor del que yo había hecho, y para que el sector fuera más provechoso para los dueños. Después de que me marché y de que este hombre tomó el puesto, llamé periódicamente para estar al tanto. Luego de un año, dejé de llamar porque era obvio que a él le iba mejor que a mí. ¿Alguna vez escuchaste la frase "Ten cuidado con lo que pides, porque puedes obtenerlo"?

La camioneta

Cuando originalmente oré para que Dios enviara un reemplazo y un trabajo cerca de mi hogar, esperaba obtener un empleo similar al que tenía (como gerente). Este no era el plan de Dios. Algunos meses antes de esa oración, le pedí al gerente de autos usados, en el trabajo, que buscara un vehículo diferente para mí. Mi vieja camioneta familiar tenía cerca de 483.000 kilómetros, y pensaba que ya era tiempo de tener algo más confiable. Le dije que quería una camioneta pequeña de tracción simple. Meses después (cinco días antes de que orara por un empleo cerca de mi hogar), el gerente de autos usados me dijo que tenía una camioneta para mí, y que tenía que llevármela a mi casa esa noche para probar su manejo. Cuando la vi por primera vez, pensé que bromeaba. Ni siquiera se acercaba a lo que le había pedido. Como no quería ser grosero, conduje la camioneta hacia mi casa esa noche y se la mostré a mi esposa.

Mientras la observaba, me di cuenta de que podría ser muy fácil transformarla en una camioneta de trabajo. Podría sacarle la caja y agregarle el cuerpo de un utilitario sin otras modificaciones. Ya tenía amortiguadores fuertes, una base de ruedas larga y tracción en las cuatro ruedas. Debido a que había sido mecánico por mucho tiempo, ya poseía muchas herramientas. Esa noche llegué a la conclusión de que esta era la forma en que Dios respondía la segunda parte de mi oración. Podría usar esta camioneta y mis herramientas para comenzar un servicio de reparaciones móvil. Luego de mudarnos, eso fue exactamente lo que hice, y Dios bendijo nuestro negocio desde el principio.

Empecé a ver cómo Dios podía usarme aun más de lo que había hecho antes, gracias a la flexibilidad de ser el dueño de mi propio negocio. He tenido muchas oportunidades de hacer su obra por el puesto que Él me había dado. Por ejemplo, mi carga de trabajo bajó inmediatamente después de comenzar a escribir este libro. Esa fue una de las razones por las que supe cuánto deseaba Él que lo escribiera. Mientras trabajaba en este proyecto, una de mis oraciones constantes ha sido que Dios me usara como su pluma para escribir sus palabras para ti.

Dios responde las oraciones

Las experiencias que te he contado en este capítulo son solo algunas de las muchas veces que Dios ha respondido mis oraciones. Son solo un ejemplo de cómo Dios ha utilizado la contestación a las oraciones para hablarme y formarme. Oro por casi todo, pero como ya lo he dicho, no siempre ha sido así. Un muchacho incrédulo me dijo una vez que no era correcto que llevara una lista de mis oraciones contestadas, si no llevaba también un registro de las veces que Dios no respondía mis oraciones. Por causa de esa persona, también hice esa lista. Puedo decirte que hay solo un pequeño número de cosas escritas en esa lista. Dos de ellas están allí porque Dios no me contestó en el marco de tiempo que le pedí. Me hizo esperar un día más antes de responder una de esas oraciones, y varios años más para la otra. Una de las cosas en esa lista era una oración egoísta, pero sigo esperando. Otra oración que está en esa lista está allí porque Dios permitió que suceda exactamente lo que yo oraba para que *no* sucediera. Más tarde pude ver que era para mi propio bien. El último punto de mi lista está en ella porque aparentemente no era la voluntad de Dios. Debo ser honesto contigo y decirte que todavía no entiendo por qué Dios no me concedió esta última oración, pero tengo fe en que Él lo sabe mejor que yo.

Aquellos de ustedes que han orado por algo y piensan que Dios no los ha escuchado u oído su oración, por favor lean nuevamente la lista de cuatro pasos en la página 28. Puede ser que no siempre obtengamos la respuesta que queremos, pero Dios *responderá*. Sé por mi experiencia personal que, cuando has visto previamente el poder de Dios en acción y luego Él no responde una de tus oraciones, puede ser muy frustrante. Durante esos tiempos —y en todo tiempo— debemos confiar en que Dios tiene un plan mejor. Se ha dicho que, a veces, uno de los mejores regalos de Dios es no contestar cierta oración. Debido a que solo Dios conoce el futuro, solo Él sabe lo que es verdaderamente mejor para nosotros y para otros en todo este largo camino.

Si nunca has tratado de orar a Dios, te aliento a que lo intentes. Dios es fiel y responde las oraciones, aun las de pecadores comunes como tú y yo. Santiago 5:17-18 dice:

Elías era un hombre con debilidades como las nuestras. Con fervor oró que no lloviera, y no llovió sobre la tierra durante tres años y medio. Volvió a orar, y el cielo dio su lluvia y la tierra produjo sus frutos.

Pienso que Dios disfruta al mostrar a la gente cuánto los ama y cuán poderoso es. Me parece que lo único que Él disfruta más que eso es ver a las personas responder a su amor. Jesús nos dice:

Pidan, y se les dará; busquen, y encontrarán; llamen, y se les abrirá. Porque todo el que pide, recibe; el que busca, encuentra; y al que llama, se le abre. ¿Quién de ustedes, si su hijo le pide pan, le da una piedra? ¿O si le pide un pescado, le da una serpiente? Pues si ustedes, aun siendo malos, saben dar cosas buenas a sus hijos, ¡cuánto más su Padre que está en el cielo dará cosas buenas a los que le pidan!

—MATEO 7:7-11

Tu turno

Escribe sobre las veces en tu vida en las que Dios te habló por medio de respuestas a tus oraciones. Escribe de aquellas veces en las que Dios te habló al *no* contestar tu oración, o al darte una respuesta distinta a la que originalmente querías.

_____

_____

_____

_____

_____

_____

_____

_____

_____

_____

_____

CAPÍTULO 3

Dios habla por medio de La Biblia

Dios sabía desde el principio que tú y yo, gente común, necesitaríamos su ayuda en esta vida. Debido a que Él nos ama y cuida de nosotros, nos dio un manual de instrucciones: La Biblia. La primera parte de La Biblia, el Antiguo Testamento, fue escrita antes de que Jesús fuese enviado desde los cielos. Nos cuenta cómo y por qué Dios creó la Tierra, el mar, los animales y la humanidad. La segunda parte de La Biblia, el Nuevo Testamento, fue escrita después de la muerte de Jesús, por aquellos que conocieron a Jesús y/o fueron sus seguidores. La veracidad y precisión de muchos de los sucesos en Las Santas Escrituras han sido probados tanto por eruditos religiosos como por científicos e historiadores seculares.

Algunas personas me han dicho que no pueden creer en lo que La Biblia dice, porque es solo una recopilación de cartas escritas por hombres. Si bien una porción de su razonamiento puede ser correcta, La Biblia nos dice:

Ante todo, tengan muy presente que ninguna profecía de la Escritura surge de la interpretación particular de nadie. Porque la profecía no ha tenido su origen en la voluntad humana, sino que los profetas hablaron de parte de Dios, impulsados por el Espíritu Santo.

—2 PEDRO 1:20-21

Así que La Biblia no es solo una colección de historias o ideas artificiales sobre Dios. Aunque cada escritor escribió desde su propio contexto personal (trasfondo cultural, educación, estilo, idioma, etc.), fueron todos inspirados por Dios a través del Espíritu Santo para escribir lo que Dios quería que escribieran. Si hubiesen escrito solamente sus propios pensamientos o ideas, habría sido imposible que los profetas del Antiguo Testamento supieran el pueblo donde Jesús nacería o quiénes serían sus ancestros. La Biblia predijo muchos eventos de los que solo Dios podría haber tenido conocimiento. De hecho, hay más de trescientas profecías sobre Jesús y su vida en el Antiguo Testamento, y todas ellas fueron cumplidas.

Algunos de los escritores del Nuevo Testamento fueron testigos en persona del poder de Jesús. Lo escucharon predicar y lo vieron hacer milagros. Escribieron sobre las cosas que contemplaron y escucharon. Debido a que Dios tenía el control de lo que escribían, podemos estar seguros de que sea lo que fuere que esté contenido en La Biblia, es verdadero y preciso. Dios nos dice:

Toda la Escritura es inspirada por Dios y útil para enseñar, para reprender, para corregir y para instruir en la justicia, a fin de que el siervo de Dios esté enteramente capacitado para toda buena obra.

— 2 TIMOTEO 3:16-17

Esto quiere decir que deberíamos leer La Biblia y luego utilizar su sabiduría y sus principios para guiar nuestras vidas. Podemos usar La Biblia como nuestro modelo para evaluar todo lo que la gente nos dice. Por ejemplo, algunos científicos dicen que los humanos fueron creados como resultado de la evolución. Pero La Biblia nos dice que Dios creó los cielos y la Tierra y todo lo que hay en ellos.

La Biblia es la única fuente verdadera que nos dice cómo podemos ser salvos, por medio de nuestra fe en Jesucristo (ver

Hechos 16:31). La salvación llega cuando creemos en Jesucristo como el único Hijo engendrado por Dios, lo cual quiere decir que iremos al cielo a pasar la eternidad con Dios, como lo opuesto a pasar la eternidad en el infierno con el diablo. Puedo decirte desde mi propia experiencia —como la vez en que Jesús me abrazó— que yo busco y espero la paz y el gozo eternal. Tener fe en Dios significa que creemos lo que su Palabra, La Biblia, nos dice. Si verdaderamente creemos en Él, no podemos revolver y elegir lo que queremos creer en La Biblia; después de todo, Él fue el editor.

Por causa de que La Biblia puede ser compleja en algunas partes, hay personas que la encuentran difícil de aceptar. Si cierto versículo u oración es tomado fuera de contexto, puede confundir. Muy a menudo necesitamos entender el contexto general de un pasaje de Las Escrituras o la información de trasfondo, para encontrar el sentido de un versículo. Pedirle al Espíritu Santo que nos revele el significado es el paso más importante para comprender la profundidad de La Biblia.

A veces La Biblia parece estar llena de paradojas y contradicciones. Los temas de la ley y el Evangelio, el pecado y la gracia, el pecador y el santo, el esclavo y el libre, son encontrados en toda La Biblia. Luego de un estudio cuidadoso, junto con la oración y la guía del Espíritu Santo, comenzamos a ver cómo estos temas se equilibran al considerar la totalidad de La Biblia. Cuanto más tiempo pasemos leyéndola, las piezas encajarán en su lugar más rápidamente.

El Antiguo Testamento predice el Nuevo Testamento, y el Nuevo Testamento cumple el Antiguo Testamento. Las Escrituras interpretan Las Escrituras cuando las miramos en orden y como un todo. Podemos estar seguros de que Dios es consistente y que su Palabra también lo es. Si hay algo que no tiene sentido para ti cuando lo lees, te aliento para que ores sobre ello y le pidas a Dios entendimiento.

Algunas Biblias han sido traducidas usando un lenguaje más

moderno, y por lo tanto son más fáciles de comprender. A diferencia de la versión Reina Valera Revisión 1960, que está llena de palabras como "vosotros" y "procedéis", las versiones recientes son traducidas teniendo en cuenta a los lectores de hoy. Algunas de las traducciones de La Santa Biblia que están disponibles actualmente son: la *Nueva Versión Internacional*, la versión *Reina Valera Revisión 1995*, la *Traducción en Lenguaje Actual* y *La Biblia de las Américas*. La traducción que escojas es un asunto de elección personal, pero debes asegurarte de elegir una que esté enteramente basada en los textos originales. También hay disponibles Biblias de estudio, las cuales explican La Biblia prácticamente versículo por versículo. Si todavía sigues teniendo dificultades con una sección, pídele a un pastor cristiano, sacerdote o ministro que te la explique.

Otras fuentes de inspiración

Debido a que Dios está tan deseoso de alcanzarnos, también usa otro material escrito basado en La Biblia para hablarnos. Este puede incluir himnarios, devocionales diarios, libros de autoayuda o de crecimiento, materiales de estudio bíblico, revistas o varios otros materiales que contengan principios fundados en Las Escrituras. Mientras el material esté basado en La Biblia, Dios puede utilizarlo para decirnos las cosas que desea que conozcamos. Lo importante es que Las Escrituras son tomadas de una traducción auténtica de La Santa Biblia. Hay algunas "religiones" que tienen sus propias traducciones de La Biblia. Esas religiones han alterado los manuscritos originales para que se ajusten a sus propias doctrinas o creencias. Estas escrituras no son precisas y no deberían ser usadas si deseas la verdad.

La mayoría de los cristianos pueden decirte que, en algún punto de su camino con Dios, Él utilizó cierto versículo, himno u otra forma escrita de La Palabra para hablarles específicamente.

Pueden haber leído el mismo versículo o cantado la misma canción cientos de veces con anterioridad, pero hasta que Dios determinó convencer su corazón con su mensaje, no significaba nada especial para ellos. Normalmente, la forma en que sucede la historia es algo así: "Mientras leía el versículo, las palabras me impactaron; parecía que Dios escribió esto justo para mí, para este momento; las palabras ardían en mi corazón". En esta instancia, la persona entiende completa y claramente lo que las palabras significan y cómo se relacionan exactamente con su persona en ese mismo momento.

Cuando Dios les habla a las personas de esta manera, sus corazones y mentes son convencidos. Saben sin dudar lo que Dios les dice. Si esto alguna vez te ha sucedido, sabrás a qué me refiero. A veces puede ser una respuesta por la que has esperado, o quizá la palabra sea una total sorpresa. En muchas oportunidades escuchas algo que realmente querías oír; en otras preferirías no escuchar lo que Él te dice. Cualquiera sea el caso, Dios puede usar su Palabra escrita para hablar a las personas, y lo hará. Y puedes estar seguro de que si Él te habla de esta manera, no malgasta saliva, sino que espera una respuesta. Puede ser un "gracias" o puede ser un cambio de actitud o de hábitos. Puede ser cierta tarea que Él quiere que cumplas. La lista de cosas que Dios puede decirle a una persona por medio de Las Escrituras y por medio de materiales basados en su Palabra ¡es interminable!

He asistido a varios grupos de estudio bíblico en la iglesia o en los hogares de algunas personas. Cada vez que me involucré en uno de estos estudios, he descubierto que Dios utiliza estas experiencias para enseñarme algo. Aunque todos hayamos leído y estudiado el mismo material, siempre me maravilla que cada persona del grupo se vaya con algo diferente al final del estudio, algo único para cada uno. Como todos estamos en diferentes etapas de nuestro caminar con Dios, Él acomoda su Palabra para cada uno de nosotros. El hecho de que un amigo o vecino haya tenido una convicción determinada luego de leer un pasaje en Efesios, no quiere decir que tú tendrás la misma revelación. Escucha cuidadosamente lo que Dios te dice.

Viejos hábitos, nuevas oportunidades

Aunque amaba a Dios con todo mi corazón, seguía siendo adicto a fumar marihuana cuando trabajaba como mecánico y tomé el puesto de gerente. Iba a la iglesia regularmente, leía La Biblia y oraba a diario, pero aún tenía esta atadura de pecado en mi vida. Ese era el pequeño y oscuro secreto que guardaba escondido. Había intentado dejarlo tantas veces sin lograrlo que, a esa altura, pensé que nunca sería libre de esa adicción. El Señor usó mi nuevo trabajo para continuar el proceso de santificación en mí. Enseguida descubrí que no podría hacer bien mi trabajo como gerente mientras continuara teniendo drogas en mi cuerpo. Aunque era muy difícil para mí, esto me forzó a estar sobrio durante la semana laboral, pero lo compensaba en los fines de semana.

Un viernes por la mañana en particular, en el camino al trabajo, ya había empezado a sentirme culpable por lo que sabía que haría esa noche. Le pedía a Dios que me perdonara y recitaba algunos versículos de La Biblia que normalmente me reanimaban. Comencé a cantar el himno infantil "Soy el pequeño cordero de Jesús", porque era el único que había memorizado. Mientras cantaba, comencé a pensar en todo lo bueno que había sido Dios conmigo en mi vida, aun cuando yo no era digno de su amor. Me sentí sumido en su amor, completamente inmerso de la cabeza a los pies, todo a la vez. No vi ninguna luz, como en aquella oportunidad en la que Él me había abrazado cuando era niño, pero la experiencia fue similar. En ese momento asumí que esa era su manera de mostrarme que Él me amaba, aunque sabía que iba a fumar esa noche. Ahora pienso que Él intentaba mostrarme que no necesitaba fumar esa noche, porque su amor era suficiente para confortarme. Desearía poder decir que no fumé esa noche, pero lo hice. La razón por la que te cuento este incidente en este capítulo es debido a los versículos y el himno que recitaba. No creo que habría podido tener el mismo encuentro con Dios si no hubiese meditando en su Palabra y cantado un himno para Él.

Durante esta época en mi vida disfrutaba de un devocional diario y de mis oraciones casi todas las mañanas. Noté que en aquellos días en los que no tenía mi oración y devoción matutina, todo parecía salir mal. Como tomé mi empleo como gerente muy seriamente, oraba por mi sector y mis empleados a diario. En los días en los que no leía su Palabra y no oraba por mi departamento, Dios me hacía comprobar una y otra vez que tendríamos muchos más problemas. Un día en particular, no tomé el tiempo para mi oración y devoción matinal, y tuvimos un día horrible en el trabajo. Todo salió mal. Para el momento en el que volví a mi casa esa noche, ya no tenía más fuerzas, todo lo que deseaba era un poco de paz y tranquilidad. Pero criar cuatro niños en una casa pequeña significa que no hay mucha paz y tranquilidad. Debido a que ya estaba de mal humor, no pasó mucho tiempo para que perdiera los estribos y comenzara a gritarle a mi familia. En un corto período causé que casi toda mi familia llorara.

Mi esposa me dijo que no era culpa de ellos que yo hubiera tenido un mal día. El diablo me dijo que me fuera al garaje y fumara un par de cigarrillos para relajarme. Dios me dijo que fuera a orar y a leer el devocional que había salteado esa mañana. Me encerré en nuestro dormitorio para orar y leer. El devocional del día contaba la historia de un hombre que tuvo un mal día en el trabajo y volvió a su casa y gritó a su familia. Leí que algunas veces las cosas que decimos a otras personas al estar enojados quedan encerradas en su memoria para siempre. Dios me dio una convicción tan fuerte a mi corazón a través de aquel mensaje escrito, que aún ahora, años después, sigue trayendo lágrimas a mis ojos. Lloraba tanto que apenas podía hablar, pero bajé las escaleras y reuní a mi familia alrededor de la mesa. Les leí la historia, me disculpé con ellos y les pedí que me perdonaran. Mis hijos recordaron ese día por mucho tiempo, y periódicamente lo traían a la memoria.

Fiebre de carreras

A medida que nuestra familia crecía, dejé las carreras de motocicletas sobre hielo de invierno, pero continué participando en las competencias a campo traviesa de verano. Gané numerosas carreras en mi clase y también varios campeonatos estatales, pero nunca había llegado a ganar una carrera de categoría "Overall A". Entonces un año finalmente gané un trofeo de esa categoría en la más grande y última carrera del año. No corrí de nuevo en ese año, así que en primavera estaba realmente ansioso por correr. Esa estación acababa de comenzar, y la nieve estaba recién derretida. Mi esposa quería que hiciera unos trabajos de pintura dentro de la casa, y le había dicho que lo haría, pero que primero quería dar una vuelta en mi motocicleta. Tenía una pequeña pista detrás de mi casa, en la que practicaba. Debido al trofeo que había ganado en la última carrera, mi ego se había inflado en proporciones gigantescas. Era orgullo. No me jactaba delante de nadie, pero Dios sabía lo que había en mi corazón.

Como lo había hecho siempre antes de correr, oré para que Dios me mantuviera a salvo. ¿Recuerdas la lista de oraciones no respondidas? ¿Recuerdas que mencioné una oración en la que Dios permitió que pasara exactamente aquello que le pedí que no sucediera? Bueno, es esta. Di una vuelta despacio alrededor de la pista, y vi que todavía había hielo en algunos puntos debajo del polvo. Decidí que no importaba, porque yo era "lo suficientemente bueno" para controlar la moto. Mantuve la moto bien abierta y traté de correr la vuelta como si estuviera en mitad del verano.

Nunca logré dar una vuelta en la pista, ni siquiera una vez. La moto se salió de debajo de mí a más de cien kilómetros por hora en una curva amplia y larga. Debido a que el tipo de carrera en el que estaba involucrado era de largas distancias, era común estrellarse y a veces salir herido. A menudo corría más rápido de lo debido, más allá del nivel de mi talento, solo para intentar ganar. Una vez corrí con la muñeca quebrada y gané en mi categoría. Otra vez, me estrellé mientras corría, en invierno (sin seguro médico), y tuve que darme siete puntadas yo mismo cuando regresé a casa. Aprendí que cuando te estrellas durante la carrera, lo mejor que puedes hacer es montar nuevamente la moto e intentar correr más despacio hasta que puedas "sacudirte" el dolor.

Ese día, mi vecino, que era granjero, estaba afuera en su campo esparciendo abono. Sabía que me miraba cuando comencé a correr. Luego de estrellarme, pude conseguir tirar del embrague para que el motor no se detuviera. Puse la moto de pie y vi que mi vecino estaba parado en su tractor de modo que podía verme. Mi orgullo y mi estupidez me indicaron que montara otra vez la moto y tratara de sacudirme el dolor. Lo hice, y pronto me di cuenta de que, a medida que intentaba doblar en las curvas con la moto, no podía usar para nada mi brazo izquierdo. Solo podía andar en línea recta, y el dolor era increíble.

Mi pista de prácticas estaba al lado de las vías del ferrocarril, así que decidí que correría por la calle de acceso a un lado de las vías, así no tendría que doblar con la moto. Corrí por la calle de acceso alrededor de cuatrocientos metros en intento de sacudirme el dolor, pero no funcionaba. Decidí dar la vuelta y volver a casa. Cuando intenté girar con la moto, conduje directo hacia un pequeño árbol, porque no pude dirigir la motocicleta. El árbol tenía espinas muy largas, y una de las espinas atravesó el cuero de mi guante de carrera y pasó a través de la punta de mi dedo índice de la mano izquierda. Esta vez la moto se detuvo y yo me quedé sentado allí.

Nunca dije ser inteligente, y esta historia lo prueba. Mi orgullo me había herido no una, sino dos veces ese día. Me quité la espina del dedo con los dientes. Encendí la moto y conduje a casa. Mi esposa no estaba feliz.

Decidí que, si podía superar el dolor, estaría bien y no tendría que ir al hospital. Tenía unos parches de morfina que alguien me había dado hacía mucho tiempo, y resolví que era el momento para usarlos. Me mediqué a mí mismo durante todo el fin de semana, y finalmente me di por vencido y fui al doctor el lunes por la mañana. El doctor no podía creer que al estar tan gravemente herido desde el sábado hubiera ido recién el lunes. Tenía completamente luxado mi hombro; solo los músculos y los tendones mantenían mi brazo en su lugar. El doctor realizó una cirugía para reacomodar la articulación. Debido a la gravedad de la herida, tuve que tomarme muchos días fuera del trabajo. Soy una persona muy activa, y el hecho de no poder trabajar ni usar mi brazo era muy duro para mí. Un día, cuando estaba sentado en mi casa, malhumorado por toda la situación, mi hombro comenzó realmente a dolerme. Se sentía como si alguien me pellizcara.

Esa noche mi esposa decidió preparar mi comida favorita. Cualquiera que me conozca puede decirte que realmente disfruto comer. Pensándolo bien, me *encanta* comer. Cuando mi esposa puso la comida sobre la mesa, mi hombro comenzó a dolerme aun peor. Estaba hambriento y quería comer, pero en lugar de eso, fui a recostarme en nuestra habitación. Vi La Biblia en la mesita de luz y decidí leer un poco. La abrí en una página al azar, y las palabras eran las justas para mi corazón. Decía que aunque Dios nos ama, cuando pecamos tenemos que sufrir las consecuencias de nuestro pecado. En ese mismo momento supe que no era una coincidencia que fueran esas las palabras que había leído primero. Oré a Dios y le pedí perdón por mi tonto orgullo. También le dije que estaba arrepentido por haber estado malhumorado por esa situación que en realidad había sido por mi propia culpa. Dios es un Dios amoroso que desea tratarnos como lo haría un padre amoroso. Tan pronto como reconocí mi pecado, Él quitó instantáneamente el dolor, y hasta pude comer mi cena antes de que se enfriara. ¡Alabado sea Dios por su misericordia! Dios desea hablarnos por medio de su Palabra, pero algunas veces debemos sufrir dolor en nuestras vidas antes de estar listos para escuchar.

Coincidencias

Un día, cuando estaba en el trabajo, un compañero me contó sobre su creencia en la reencarnación. Esa misma mañana, solo unas horas antes, yo había leído versículos en mi devocional y en La Biblia exactamente sobre ese tema. Le dije a este hombre:

—No creo en las coincidencias, pero pienso que Dios usa esta situación para intentar hablarte.

—Mi intención no es llamarte mentiroso, pero quisiera que me trajeras ese material para verlo por mí mismo —me respondió.

Cuando llegué a casa, corté la hoja del devocional de ese día y lo llevé al trabajo al día siguiente. Le expliqué que la lista de versículos de La Biblia en la parte superior de la página se refería al contenido del devocional, y que él debería buscar esos versículos y leerlos primero. Luego de darle la página cortada, comenzó a leerla. Me di cuenta de que leía el lado equivocado del papel; ese papel correspondía a dos días antes. Ya iba a interrumpirlo cuando vi el título del devocional de aquel día. En él se leía: "Acumulen tesoros en el cielo, no en la Tierra, donde la polilla y el óxido pueden destruirlo". Su rostro parecía preocupado a medida que leía. Verán, este hombre era muy rico y había pasado la mayor parte de su vida intentando asegurar su fortuna. No sé si lo que leyó tocó su corazón, pero puedo decirte que creo completamente que Dios trataba de hablarle y de alcanzarlo por medio de su Palabra escrita.

Una vez leí una historia corta escrita por un pastor, que se trataba de algo que él había presenciado. Aunque he olvidado muchos de los detalles, recuerdo el punto principal de la historia. Él enseñaba en una clase de confirmación, y uno de sus estudiantes tuvo una mala actitud. Le preguntó al joven cuál era el problema, y el alumno le dijo que La Biblia era muy difícil de entender. El pastor le habló y le explicó que no creía que esto fuera verdad y que podía probarlo. Le pidió al joven que abriera La Biblia en cualquier lugar que quisiera y que comenzara a leer, y luego la clase decidiría si podían entenderla o no. El alumno abrió La Biblia y empezó a leer. El pastor escribió que la voz del joven bajó en volumen casi como un susurro. Las palabras que leyó eran: *"Dice el necio en su corazón: 'No hay Dios'"* (Salmo 53:1a). Aparentemente, el problema del joven no era que no podía entender La Biblia, sino que no creía en La Biblia. Dios puede hablarnos por medio de su Palabra, pero escucharla o creerla es nuestra decisión.

Tengo una historia muy similar. De hecho, mi historia sucedió muy poco tiempo después de haber leído aquella. Un día iba conduciendo por la calle, cuando el suave susurro del Espíritu Santo me dijo que llamara a un cliente del cual hacía mucho tiempo que no tenía noticias. Al principio puse excusas, pero finalmente me di por vencido y lo llamé. Le pregunté por el camión en el que había trabajado la última vez, y me contó que el camión funcionaba bien, pero que él tenía algunos problemas. A su mejor amigo le habían disparado y había muerto. Vivía un tiempo muy duro por lidiar con ese dolor, así que se embriagó y fue al cementerio donde su amigo estaba sepultado. La policía lo encontró allí con su rifle de caza y algunas cervezas. Lo enviaron al hospital psiquiátrico local para observación. Aunque lo habían dado de alta, todavía no había comenzado a trabajar. Yo sabía que había tenido problemas de bebida antes de que esto sucediera, y parecía que este incidente lo había empeorado.

Ese día hablamos por más de una hora, y le dije que Dios

solucionaría todo. Me comentó que estaba enojado con Dios porque permitió que su amigo fuera asesinado, y dijo que si Dios realmente fuese un Dios amoroso nada de esto habría pasado. Recordé la historia del pastor y su alumno, y le dije:

—Ora a Dios para que te guíe, pídele que te hable y entonces lee tu Biblia —le expliqué—; ábrela en cualquier lugar que quieras, y comienza a leer.

Cuando colgamos el teléfono, oré por él. Le pedí a Dios que contestara su oración y que le hablara por medio de su Palabra. Esperé una semana para llamarlo y preguntarle qué había sucedido. Me contó que Dios no le había hablado y que aún pasaba por un duro momento. Yo estaba aturdido; sentí en mi corazón que le había dicho al hombre exactamente lo que Dios quería que le dijera. Estaba seguro de que Dios respondería su oración. Entonces le pregunté:

—¿Qué fue lo que leíste cuando abriste La Biblia?

—Las primeras palabras que leí decían que debemos confiar en Dios con todo nuestro corazón —dijo.

Luego, me contó, cerró bruscamente La Biblia y decidió que Dios no lo escuchaba.

En ese instante agradecí a Dios por responder mi oración. Le dije al hombre que Dios había contestado su oración y que le decía exactamente lo que él necesitaba escuchar. Le comenté que sentía mucho que no pudiese ver que Dios le hablaba, pero que para mí era bastante obvio que sí lo hacía. A veces Dios nos dice cosas que no queremos escuchar, o cosas que no queremos creer. Como en este caso, podemos estar tan cerca del problema que no podemos ver. Cuando esto sucede, no significa que Dios no nos habla, sino que nosotros no escuchamos a Dios.

A través de estas historias, espero que sea obvio para ti que Dios puede hablar a las personas (personas comunes como tú y yo), y lo hará, por medio de su Palabra escrita. Dios verdaderamente nos ama y desea tener una relación con nosotros. Como en cualquier otra relación, se necesita un esfuerzo de ambas partes para tener una comunicación abierta. Jesús dijo:

En los profetas está escrito: "A todos los instruirá Dios". En efecto, todo el que escucha al Padre y aprende de él, viene a mí. Al Padre nadie lo ha visto, excepto el que viene de Dios; sólo él ha visto al Padre. Ciertamente les aseguro que el que cree tiene vida eterna. Yo soy el pan de vida. Los antepasados de ustedes comieron el maná en el desierto, y sin embargo murieron. Pero éste es el pan que baja del cielo; el que come de él, no muere.

—JUAN 6:45-50

Tu turno

Escribe sobre las veces en las que Dios te habló por medio de La Biblia. Escribe de aquellas veces en las que Dios te habló por medio de otras palabras escritas basadas en Las Escrituras.

_____

_____

_____

_____

_____

_____

_____

_____

_____

CAPÍTULO 4

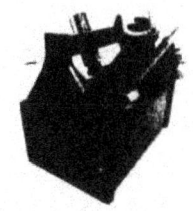

Dios habla por medio de La Palabra hablada

La Biblia nos dice:

Ciertamente, la palabra de Dios es viva y poderosa, y más cortante que cualquier espada de dos filos. Penetra hasta lo más profundo del alma y del espíritu, hasta la médula de los huesos, y juzga los pensamientos y las intenciones del corazón.

—HEBREOS 4:12

Por todas estas razones Dios utiliza su Palabra hablada para hablarnos por medio de quien Él elija. Puede ser escuchada en la radio o la televisión. Puede ser dada por medio de un padre o un amigo. Él puede usar a un vecino o aún a un extraño para hablarte. Debido a que Dios y su Palabra están vivos y activos, no hay barreras que nos impidan escuchar cuando Él nos habla. Para hablarnos, fácilmente puede utilizar tanto a un pecador común como a un pastor de la iglesia de la otra calle. ¡El poder está en el mensaje, no en el mensajero!

Por causa de que todos los seres humanos son pecaminosos e imperfectos, los mensajeros humanos de Dios no son perfectos.

Existen muchas historias en La Biblia que prueban este punto. Dios escogió a Noé para reconstruir la Tierra después de la gran inundación, pero luego de haber plantado un viñedo, Noé se embriagó (ver Génesis 9:20-21). Dios usó a Moisés para librar a la nación de Israel, pero Moisés también había cometido un asesinato (ver Éxodo 2:14). Dios usó a Rajab para esconder a dos hombres que fueron enviados para espiar en la tierra prometida; ella era prostituta (ver Josué 2:1). Nos han dicho que David fue un hombre conforme al corazón de Dios (ver Hechos 13:22), pero también leemos en La Biblia que cometió adulterio y que hizo matar al marido de esa mujer (ver 2 Samuel 11). Estas historias comienzan en el Antiguo Testamento y continúan a lo largo de toda La Biblia. Dios utiliza hombres y mujeres comunes para cumplir con sus planes.

Pablo habló sobre este tema. Y dijo:

Hermanos, consideren su propio llamamiento: No muchos de ustedes son sabios, según criterios meramente humanos; ni son muchos los poderosos ni muchos los de noble cuna. Pero Dios escogió lo insensato del mundo para avergonzar a los sabios, y escogió lo débil del mundo para avergonzar a los poderosos. También escogió Dios lo más bajo y despreciado, y lo que no es nada, para anular lo que es, a fin de que en su presencia nadie pueda jactarse.

—1 CORINTIOS 1:26-29

Ahora mismo, en nuestro mundo, escuchamos historias sobre pastores, sacerdotes, ministros y evangelistas que tienen problemas y toman malas decisiones. A la luz de todo lo que leemos en La Biblia, esto no debería sorprendernos. Somos humanos y cometemos errores. Por un lado, estas historias pueden entristecernos por nuestra condición humana, pero por otro lado, deberían hacernos sentir felices de saber que Dios nos ama de todos modos. Jesús nos dice: *"Porque tanto amó Dios al mundo, que dio a su Hijo unigénito, para que todo el que cree en él no se pierda, sino que tenga vida eterna"* (Juan 3:16). También se nos dice: *"Pero Dios demuestra su amor por nosotros en esto: en que cuando todavía éramos pecadores, Cristo murió por nosotros"* (Romanos 5:8).

Discernimiento

Dios puede hablarnos y ciertamente lo hará, y esto, por medio de pecadores. Pero debido a que hay tantas religiones, ideas y puntos de vista diferentes, a veces puede ser complicado decidir si lo que nos dicen realmente viene de Dios. Si alguien es bastante valiente para tratar de predicarle a otro, probablemente crea en lo que dice, o al menos se sienta seguro sobre eso. La Biblia nos dice muy claramente que es nuestro deber saber si lo que nos dicen proviene de Dios o no. La buena noticia es que Las Escrituras nos muestran cómo tomar esta decisión. Juan nos dice:

Queridos hermanos, no crean a cualquiera que pretenda estar inspirado por el Espíritu, sino sométanlo a prueba para ver si es de Dios, porque han salido por el mundo muchos falsos profetas. En esto pueden discernir quién tiene el Espíritu de Dios: todo profeta que reconoce que Jesucristo ha venido en cuerpo humano, es de Dios; todo profeta que no reconoce a Jesús, no es de Dios sino del anticristo. Ustedes han oído que éste viene; en efecto, ya está en el mundo.

—1 Juan 4:1-3

Como dice un viejo dicho, no creas todo lo que te dicen. Cuanto más leemos La Biblia y nos familiarizamos con La Palabra de Dios, más fácil es "someterlo a prueba". Existe mucha gente en el mundo que dice proclamar el mensaje de Dios, y algunos verdaderamente lo hacen. Pero hay otros que pueden sonar y verse como mensajeros de Dios, pero que en realidad pregonan el mensaje del diablo. Debemos comparar todo lo que escuchamos con lo que La

Biblia dice, y elevar nuestros corazones en oración para que la verdad nos sea revelada. No podemos emitir juicios fundamentados en nuestra propia sabiduría o pensamiento. No podemos emitir juicios basados en cuán vieja, joven o religiosa pensemos que sea la persona que nos dice algo. Dios es fiel a nosotros; Él nos conducirá y guiará a la verdad cuando la busquemos. La Biblia nos dice:

Éstos eran de sentimientos más nobles que los de Tesalónica, de modo que recibieron el mensaje con toda avidez y todos los días examinaban las Escrituras para ver si era verdad lo que se les anunciaba.

—HECHOS 17:11

Seamos como estos hermanos y utilicemos nuestras Biblias como modelo con el cual comparar todo lo demás.

Las palabras de la gente común

Me maravilla constantemente que Dios me use, siendo un pecador común, para hablar a las personas. Personas como Bob y Joe. Me siento humillado, no presumido, por el hecho de que Dios me haya escogido para dar su mensaje a otros. El usa a personas comunes para hablarles a otros sobre sí mismo. ¿Procuras escuchar su voz? ¿Tienes un mensaje para alguien que necesita escuchar de Dios?

Algún tiempo después de mudarnos nuevamente a nuestro pueblo natal, escuché que la hija adolescente de una mujer con la que solía trabajar había huido de su casa. La llamé y le dije que oraría por ella y por su familia. Semanas después, luego de haber terminado mis oraciones matutinas, sentí que Dios quería que la llamara y le dijera que confíe, que todo saldría bien. Ella me agradeció, pero me dijo que perdía las esperanzas porque nadie había tenido noticias de la niña. Horas más tarde, ese mismo día, en un Estado lejano, la policía encontró a su hija con vida y saludable. Sé en mi corazón que Dios quiso que la llamara esa mañana con ese mensaje para que, cuando su hija fuera encontrada por la tarde, ella supiera que Dios es real y confiara en Él. ¡Alabado sea Dios!

Un domingo por la mañana, mientras mi familia y yo nos preparábamos para ir a la iglesia, sentí que Dios me pedía que orara por algo en particular. Habíamos sido invitados a la fiesta de cumpleaños de la hija de una mujer que vivía con uno de mis viejos amigos. Mi esposa y yo habíamos decidido que nuestra familia no asistiría porque no estábamos seguros si la atmósfera sería apropiada para nuestros pequeños hijos. Mientras mi esposa y yo nos encontrábamos en el cuarto de baño preparándonos para ir a la iglesia, le dije que Dios me pedía que oremos en ese mismo momento y lugar. Nos tomamos de las manos y comenzamos a orar por la niña y por la situación de su familia.

El mensaje del pastor de esa mañana tocó nuestros corazones. Desafió a la congregación a elegir a alguien que supiéramos que no era creyente, y a orar por esa persona. Dijo que, después de orar, debíamos estar dispuestos a dejar que Dios nos use para ayudar a esa persona, si así Dios lo deseaba. Lágrimas rodaban por mi rostro mientras escuchaba al pastor decir las palabras de parte de Dios. Después de la reunión, hablamos sobre el tema y decidimos que era obvio que Dios quería que fuésemos a la fiesta de cumpleaños como familia y que seamos parte de su plan. En el camino nos detuvimos y compramos algunos libros cristianos que fueron escritos para niñas de su edad. Aunque nuestros hijos eran mucho más pequeños que ella, jugaron con la niña del cumpleaños todo el tiempo que estuvimos allí. Nos dimos cuenta de que Dios tuvo dos objetivos ese día; uno era que le regaláramos a la niña algo de alentador material cristiano, y el otro era que lleváramos a nuestros hijos para que jugasen con ella. No había otros niños o amigos en la fiesta, solo adultos y un hermano. Cuando nos íbamos, la niña nos agradeció repetidamente por haber asistido y llevado nuestros hijos. Nos sentimos muy contentos de haber ido a la fiesta, por el bien de la niña y por el nuestro. Estábamos felices de haber obedecido la guía de Dios. Como dice La Biblia:

No se contenten sólo con escuchar la palabra, pues así se engañan ustedes mismos. Llévenla a la práctica. El que escucha la palabra pero no la pone en práctica es como el que se mira el rostro en un espejo y, después de mirarse, se va y se olvida en seguida de cómo es. Pero quien se fija atentamente en la ley perfecta que da libertad, y persevera en ella, no olvidando lo que ha oído sino haciéndolo, recibirá bendición al practicarla.

—SANTIAGO 1:22-25

A lo largo de mi vida, Dios me ha hablado por medio de varias personas, y agradezco a Dios por cada una de ellas. En su gran sabiduría, Dios decidió usar a personas comunes para hablarles a otros sobre sí mismo y sobre su amor. De esta manera, Él puede mostrarles a los no creyentes que ser cristianos no quiere decir que seamos perfectos, sino que somos perdonados. Otra vez, ¡el poder está en el mensaje, no en el mensajero!

La Biblia dice en 2 Corintios 4:7: *"Pero tenemos este tesoro en vasijas de barro para que se vea que tan sublime poder viene de Dios y no de nosotros"*. Según mi experiencia, Dios usará a alguien para hablarnos en el momento justo, exactamente cuando más necesitamos escucharlo. Qué gran bendición es que Dios nos dé su valiosa Palabra y que podamos escucharla. En Proverbios 25:11-12 leemos: *"Como naranjas de oro con incrustaciones de plata son las palabras dichas a tiempo. Como anillo o collar de oro fino son los regaños del sabio en oídos atentos"*.

Su poderosa Palabra

La Palabra de Dios es muy poderosa. Cuando Jesús era tentado por el diablo en el desierto, respondió a las tres tentaciones con

La Palabra misma de Dios (ver Mateo 4:1-11). Esta historia nos muestra la importancia de conocer La Palabra de Dios y nos ayuda a apreciar su efectividad al usarla. La Biblia también nos dice que Jesús es el ejemplo perfecto, el modelo a seguir para nuestras vidas. Un pasaje de La Biblia que deja aun más claro este punto, se encuentra en Colosenses:

Que habite en ustedes la palabra de Cristo con toda su riqueza: instrúyanse y aconséjense unos a otros con toda sabiduría; canten salmos, himnos y canciones espirituales a Dios, con gratitud de corazón. Y todo lo que hagan, de palabra o de obra, háganlo en el nombre del Señor Jesús, dando gracias a Dios el Padre por medio de él.

—COLOSENSES 3:16-17

Otro pasaje que ilustra este punto:

Toda la Escritura es inspirada por Dios y útil para enseñar, para reprender, para corregir y para instruir en la justicia, a fin de que el siervo de Dios esté enteramente capacitado para toda buena obra.

—2 TIMOTEO 3:16-17

Conté anteriormente sobre mi primera oración de niño, cuando oré para que Jesús me diera un abrazo, y Él me respondió instantáneamente. Hice esa oración porque el maestro de la escuela dominical me había enseñado la historia en la que Jesús expresaba su amor a niños pequeños. Este hombre cambió mi vida para siempre al enseñarme una historia de La Palabra de Dios. Te insto a que pienses en esto por un momento. Puedo suponer que si lees este libro, debes ser cristiano. Si es así, te suplico que hables de La Palabra de Dios a todos, cada vez que tengas la oportunidad. Si no eres cristiano, te pido que permanezcas abierto a la voz de Dios, para aprovechar la oportunidad y para que descubras por ti mismo cuán bueno es Dios. Comienza leyendo La Biblia; La Palabra de

Dios es poderosa. El Nuevo Testamento está lleno de historias que cuentan que Jesús es el mejor amigo que puedas tener. Él nunca te dejará, está siempre a tu lado, amándote en tu vida diaria.

Te habla

Otra oportunidad en que Dios me habló con su Palabra por medio de otra persona, fue poco después de que Lori y yo nos casamos. Había estado en una escuela fuera del pueblo y viajaba hacia mi casa. Mientras conducía un automóvil rentado, oraba a Dios para que me ayudara a cambiar mi vida y a ser una mejor persona. Comenzaron a irrumpir en mi cabeza pensamientos que me daba cuenta que no eran míos. Permíteme detenerme aquí y extenderme en esta idea por un momento. Si alguien dice que un pensamiento irrumpió en su mente, ¿qué es lo que realmente quiere decir? ¿Cómo suena? ¿Es correcto decir que un pensamiento es algo que la mente puede oír? Piensa en aquella vieja ilustración de caricatura, la de un ángel en un hombro y un demonio en el otro; ahora esta idea tiene más sentido. Los pensamientos que vienen a nuestra mente más a menudo son los nuestros, pero pueden venir de Dios o del diablo.

Los pensamientos que tenía mientras conducía hacia mi casa, el susurro suave en mi cabeza, me seguían diciendo que no podría cambiar sin la ayuda del Espíritu Santo. Continué escuchando que, a menos que rindiera completamente mi corazón a Dios, mi naturaleza estaría en lucha permanente contra el Espíritu Santo. Después de un rato, dejé de orar y decidí encender la radio del automóvil. Por "coincidencia", la radio estaba sintonizada en un programa religioso y el sermón recién comenzaba. El mensaje estaba centrado en someterse al Espíritu Santo para que Él pueda cambiar tu vida. No podía creer lo que escuchaba. Algunos de los argumentos y frases que decía este pastor habían surgido en mi mente momentos antes. Era muy obvio para mí que Dios usaba a este siervo para confirmarme su Palabra. (A menudo descubriremos que el Señor nos repite las cosas). Esto también me comprobó que los pensamientos que tenía no eran míos, sino de Dios. (Esta historia también puede aplicarse en el capítulo 5, sobre el Espíritu Santo, porque seguramente fue el Espíritu Santo quien me susurraba sus pensamientos).

Anteriormente en este libro, escribí sobre la enfermedad de mi suegra y de cómo oramos a Dios para pedir una respuesta acerca de mudarnos nuevamente a nuestro pueblo natal. Me guardé parte de la historia para este capítulo. Lo que no conté antes es que me habían ofrecido un puesto gerencial muy atractivo en otra parte del Estado. Pensé en echar un vistazo al lugar antes de tomar una decisión; así que pasé un fin de semana allí. El domingo por la mañana, leí La Biblia y pasé un tiempo en oración. Dejé el hotel con el plan de dar una vuelta por el pueblo y luego hacer preguntas sobre la zona a los lugareños. Conduje desde un extremo del pueblo hasta el otro. Parecía limpio y bastante saludable. Me dirigí a una estación de servicio para dar la vuelta a la esquina, y un hombre mayor caminaba saliendo de la estación.

El suave susurro me indicó que le preguntara a este hombre sobre el pueblo. Bajé el vidrio de mi ventanilla, me presenté y le conté sobre mi oferta de trabajo. Me dijo que él había vivido toda su vida en esa área y que era un pueblo lindo y amigable. Lo siguiente que dijo me habló directo al corazón. Continuó diciendo que, si yo pusiera a Dios en primer lugar en mi vida, todo lo demás se acomodaría en su lugar. Dijo que la familia venía justo después de Dios, y que el trabajo estaba en el tercer lugar de la lista. Me contó que cuando él era joven y recién casado, iba a la iglesia para complacer a su esposa. Un domingo, el ministró predicó sobre la importancia de diezmar. Cuando volvieron a su casa, su esposa dejó en claro que pensaba que deberían comenzar a diezmar. Él intentó discutir con ella, pero ya estaba decidida, así que se rindió. Esa noche se pusieron de acuerdo en dar a Dios el diez por ciento de su salario.

En ese entonces, él trabajaba en un depósito de madera; al día siguiente fue llamado a las oficinas. El jefe le dijo que les gustaba su ética de trabajo y que querían tenerlo cerca, así que iban a darle un aumento. El aumento suplía ese diez por ciento que habían decidido darle a Dios, más dos centavos de aumento para él. Entonces me recordó que solamente esos dos centavos, que eran adicionales al diez por ciento, eran un buen aumento en aquellos días. Me dijo que en ese mismo momento supo que este Dios en el que su esposa creía era un Dios real, un Dios vivo. Siguió con la historia y me contó que trabajó en ese lugar por muchos años, y que luego comenzó su propio negocio con una pequeña inversión. Recientemente se había retirado y vendido ese negocio a sus hijos por una gran suma de dinero.

Este hombre no tenía modo alguno de saber lo que ocurría en mi vida, o los interrogantes con los que lidiaba. Hacia el final de la conversación, me preguntó por qué me había detenido y le había consultado sobre el pueblo. Le dije, obviamente, que Dios me había dirigido hacia él. Cuando conduje fuera de la estación de servicio, sabía exactamente lo que Dios quería que hiciera. Dios había hecho que el hombre tratara cada uno de los temas que yo necesitaba ver para ayudarme a tomar la decisión que debía afrontar. Su consejo respondió las preguntas importantes que yo tenía, y aun aquellas que ni siquiera había formulado. Dios usó a este hombre y su testimonio para hablarme, un extraño en una estación de servicio. Alabo a Dios por usar a gente común para hablar a otra gente común su Palabra.

Tragedia y triunfo

Cuando —y no *si*— la tragedia golpea nuestras vidas, podemos aferrarnos a lo que se nos dice en Romanos 8:28a: *"Ahora bien, sabemos que Dios dispone todas las cosas para el bien de quienes lo aman...*". Muy a menudo, se nos hace difícil ver cómo podemos obtener algo bueno de una tragedia, pero tenemos que recordar que nosotros no vemos la imagen completa que Dios ve. También necesitamos recordar que podemos creer todas las hermosas promesas que Dios nos hace. Si te ha sucedido algo y tienes dificultades para superarlo, te insto a que busques a alguien con quien puedas hablar, que haya pasado por una experiencia similar. Dios puede usar el dolor pasado de alguna otra persona para ayudarte con tu dolor actual. O tal vez conoces a alguien que lidia con un asunto por el que tú has pasado. Tu consejo y apoyo a esa persona podrían ser invaluables. Permíteme que te aliente a hablar de tus triunfos, fracasos y luchas pasados. He descubierto que, aunque no sean siempre bonitos, son una poderosa herramienta para librar a las personas.

Déjame decirte que soy un mecánico de oficio, pecador por naturaleza. Nunca, ni en un millón de años, podría haber considerado escribir un libro, mucho menos un libro sobre Dios. Pero Dios utilizó a varias personas para decirme que debía dar a conocer estas historias. La última persona que Dios usó fue aquella que me impulsó a dar el salto. Le narraba algunas "historias de Dios", y mientras le hablaba, me interrumpió y me dijo que Dios le había hablado seis veces en los últimos quince minutos, diciéndole que yo debía poner esas historias en un formato de libro. Si no hubiese sido por todas las otras personas que me lo habían dicho antes, probablemente no la habría escuchado. Una vez más, Dios usó gente común para cumplir su obra.

Espero que, después de leer este capítulo y estos ejemplos, sea claro para ti que Dios puede usar y usará a otras personas comunes para hablarte. La Biblia está llena de historias de Dios al utilizar a las personas para cumplir los planes que tiene para nosotros. También espero que puedas ver cuán importante es permitir que Dios te use para hablar a otros. La Biblia nos dice que, como creyentes, todos somos parte del cuerpo de Cristo, y aunque cada parte es diferente, cada una es muy importante para el cuerpo (ver 1 Corintios 12:12-27). Tú eres importante para Dios porque Él tiene ciertas cosas que solo tú puedes lograr. Él nos ha puesto en posiciones distintas, por lo tanto, cada uno de nosotros tiene oportunidades únicas para trasmitir su Palabra a otros. La Biblia nos dice en Efesios 2:10: *"Porque somos hechura de Dios, creados en Cristo Jesús para buenas obras, las cuales Dios dispuso de antemano a fin de que las pongamos en práctica"*. ¡Qué emocionante es pensar que Dios tiene planes específicos para cada uno de nosotros!

Tu turno

Escribe sobre las veces en las que Dios te habló por medio de otra persona. Puede haber sido un comentario que te ayudó o un consejo que te dio guía o dirección. Puede haber sido un tiempo en el que fuiste alertado o reprendido. Tal vez lo escuchaste o quizá habrías querido escucharlo; de cualquier forma, ahora sabes que provenía de Dios.

_____

_____

_____

_____

_____

_____

_____

CAPÍTULO 5

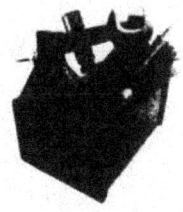

Dios habla por medio del Espíritu Santo

La Biblia nos dice que, después de que Jesús fue crucificado y sepultado, resucitó de ente los muertos tres días más tarde (ver Marcos 15-16). Luego de la resurrección de Jesús, por 40 días se le apareció a muchas personas en varias ocasiones. Durante una de las últimas veces que se manifestó a sus discípulos, les habló de la "gran comisión". Les dio a sus seguidores las órdenes de marchar. Mateo registra este evento en el capítulo 28:

> *Jesús se acercó entonces a ellos y les dijo: "Se me ha dado toda autoridad en el cielo y en la tierra. Por tanto, vayan y hagan discípulos de todas las naciones, bautizándolos en el nombre del Padre y del Hijo y del Espíritu Santo, enseñándoles a obedecer todo lo que les he mandado a ustedes. Y les aseguro que estaré con ustedes siempre, hasta el fin del mundo".*
>
> —VV. 18-20

Tener estos versículos como un fundamento sólido es un buen punto para comenzar el capítulo 5, porque nos ayuda a comprender lo que es importante para Jesús. Él nos dijo que debemos bautizar a la gente en el nombre del Padre, del Hijo y del

Espíritu Santo. Jesús nos mostraba la naturaleza compuesta de Dios. Aunque la palabra *trinidad* no es utilizada en Las Escrituras, esta imagen de un Dios trino es encontrada en toda La Biblia (ver Marcos 1:9-11; Hechos 1:4-5; Romanos 5:5-6; Mateo 28:19). Él es un Dios formado por tres personas: Padre, Hijo y Espíritu Santo.

Jesús también nos dijo que estaría con nosotros siempre. Él se apareció a sus discípulos antes de ascender al cielo. Pensemos en esto por un momento. Jesús dijo a sus discípulos que permanecería con ellos para siempre, y entonces ascendió al cielo fuera de su vista; no volverían a verlo físicamente. A pesar de lo confuso y contradictorio que pueda sonar, ¿puedes imaginarte lo que los discípulos deben haber pensado? Antes de morir, Jesús les dijo lo que sucedería después de su muerte. Dijo:

Si ustedes me aman, obedecerán mis mandamientos. Y yo le pediré al Padre, y él les dará otro Consolador para que los acompañe siempre: el Espíritu de verdad, a quien el mundo no puede aceptar porque no lo ve ni lo conoce. Pero ustedes sí lo conocen, porque vive con ustedes y estará en ustedes. No los voy a dejar huérfanos; volveré a ustedes. Dentro de poco el mundo ya no me verá más, pero ustedes sí me verán. Y porque yo vivo, también ustedes vivirán.

—JUAN 14:15-19

Jesús también dijo:

Todo esto lo digo ahora que estoy con ustedes. Pero el Consolador, el Espíritu Santo, a quien el Padre enviará en mi nombre, les enseñará todas las cosas y les hará recordar todo lo que les he dicho. La paz les dejo; mi paz les doy. Yo no se la doy a ustedes como la da el mundo. No se angustien ni se acobarden.

—JUAN 14:25-27

Jesús les habló más sobre el Espíritu Santo en Juan 16:

Pero les digo la verdad: Les conviene que me vaya porque, si no lo hago, el Consolador no vendrá a ustedes; en cambio, si me voy, se lo enviaré a ustedes (...). Pero cuando venga el Espíritu de la verdad, él los guiará a toda la verdad, porque no hablará por su propia cuenta sino que dirá sólo lo que oiga y les anunciará las cosas por venir.

—VV. 7, 13

Diez días después de que Jesús ascendió a los cielos, envió el Espíritu Santo a sus seguidores. La Biblia llama a este evento "Pentecostés". Hechos 2 da cuenta de lo que ocurría en Jerusalén. Hubo un sonido como de un viento fuerte, y la gente vio lo que parecían lenguas de fuego sobre cada uno de los creyentes. Cuando el Espíritu Santo llenó a estas personas, hablaron en lenguas extranjeras. Al mismo tiempo, se llevaba a cabo un gran festival religioso llamado *Shavuot*, o Fiesta de las Semanas. Debido a este festival en la ciudad, los judíos de todos los lugares del mundo conocido estaban allí. Cuando los seguidores de Jesús locales, llenos del Espíritu, comenzaron a hablar de Dios en una variedad de idiomas diferentes, La Biblia dice que una multitud se reunió maravillada porque cada uno de ellos escuchaba a los discípulos predicar en su propia lengua de nacimiento. Mientras la multitud escuchaba, fueron tocados sus corazones, y preguntaron qué podían hacer para ser salvos. Pedro les dijo que se arrepintieran y fueran bautizados, y entonces recibirían ellos también el don del Espíritu Santo. La Biblia dice que alrededor de tres mil personas creyeron en Jesús y fueron bautizados ese día.

Dios programó Pentecostés para que su mensaje de buenas nuevas pudiera ser escuchado por una audiencia internacional. Las personas volvieron a sus países y anunciaron el mensaje de Jesús.

Su regalo para nosotros

Jesús continúa ofreciendo el don del Espíritu Santo a la gente común. ¿Has aceptado su ofrecimiento? Pablo escribió:

> En él también ustedes, cuando oyeron el mensaje de la verdad, el evangelio que les trajo la salvación, y lo creyeron, fueron marcados con el sello que es el Espíritu Santo prometido. Éste garantiza nuestra herencia hasta que llegue la redención final del pueblo adquirido por Dios, para alabanza de su gloria.
>
> —EFESIOS 1:13-14

En resumen, escuchamos, creemos y recibimos. Jesús prometió que, después de partir, enviaría el Espíritu Santo, y lo hizo. Dijo que el Espíritu Santo nos enseñaría, nos recordaría lo que nos enseñó y nos guiaría. Podemos ver en la historia de Pentecostés que su Espíritu hizo todas esas cosas. El Espíritu Santo indicó a los discípulos qué decir y cómo hacerlo, y los ayudó a decirlo con poder. El Espíritu siguió comunicándose o hablando con los discípulos y seguidores de Jesús. Dios todavía usa el Espíritu Santo para hablarnos hoy.

Jesús dijo a sus discípulos: *"Pero cuando venga el Espíritu Santo sobre ustedes, recibirán poder y serán mis testigos tanto en Jerusalén como en toda Judea y Samaria, y hasta los confines de la tierra"* (Hechos 1:8). Este poder llegó en muchas formas. A los discípulos les fue dado coraje y paz. Fueron capaces de sanar al enfermo y al inválido, y aun de sacar demonios fuera de las personas. Entonces, ¿qué es lo que debemos esperar del Espíritu Santo? ¿Qué es lo que hará, y cómo nos ayudará? En los capítulos 14, 15 y 16 de Juan, Él es llamado Consolador, Consejero, o Ayudador dependiendo de la traducción. Cuando pensamos en la palabra *consuelo*, normalmente pensamos en comprensión o compasión, pero el Espíritu Santo en realidad nos da poder que permanece, el coraje y la dirección para salir de las dificultades y las circunstancias. Cuando oramos a Dios para pedir ayuda, debemos buscar fortaleza antes que comprensión por parte del Espíritu Santo. Él no nos da simplemente una palmada en la espalda y nos dice que todo saldrá bien. Nos reviste de poder para atravesar nuestros problemas; lo sé por experiencia.

Ya conté sobre la perrita con la cola quebrada que Dios nos regaló a principios de nuestro matrimonio. Tuvimos a Eva por nueve años, hasta que repentinamente enfermó y murió. Había dormido en nuestra cama con nosotros, e ido a todos los lugares a los que fuimos. Era parte de la familia, y cuando falleció estábamos destrozados. Unos días después de su muerte, llegué a casa del trabajo, fui al jardín donde la sepultamos y comencé a llorar. Oraba para que Dios me consolara, pero ahora recuerdo que en realidad tenía lástima de mí mismo. Luego de quince o veinte minutos de oración, escuché al Espíritu Santo susurrar: "Suficiente". Entonces me dijo que escuchara, porque me indicaría lo que debía decir cuando estuviese frente a la iglesia en unos meses. Yo era parte de un comité recién formado en la congregación y había faltado a la primera reunión. Pero alguien llamó para decirme que yo daría un anuncio desde el púlpito con referencia al próximo programa de administración . Había un pequeño libro que necesitaba leer, pero los que tenían se habían acabado y tenían que comprar más. Me dijo que no me preocupara respecto a qué decir, porque el libro estaba bien detallado y aún faltaban algunos meses para el anuncio.

Cuando el Espíritu Santo comenzó a hablarme sobre lo que tenía que decir, me di cuenta de que tendría que escribirlo para no olvidar nada. Corrí a la casa y tomé una lapicera y un anotador. Mi esposa pudo ver que había llorado, y por la forma en la que entré corriendo a la casa, me preguntó qué era lo que sucedía.

—Más tarde te contaré —le respondí y corrí nuevamente al jardín.

Escribí seis páginas en ese pequeño anotador de bolsillo.

Semanas más tarde, cuando recibí aquel libro de administración, lo comparé con lo que el Espíritu Santo me había dicho y encontré que no faltaba nada. De hecho, el Espíritu Santo, en realidad, me había dado material adicional que resultó ser muy poderoso para la congregación. Este fue claramente un tiempo en el que Dios me dio fortaleza y dirección en lugar de comprensión y compasión, especialmente porque nunca había hablado frente a un grupo grande de gente, y estaba muy nervioso. Cuando el Espíritu Santo terminó de hablarme, ya no estaba enfocado en mí mismo ni en mi tristeza, sino que pensaba en lo que Dios quería que hiciera. Me sentí mejor porque Él redireccionó mis pensamientos, para quitarlos de mí mismo y enfocarlos hacia Él.

Otra oportunidad en la que Dios utilizó esta misma táctica fue cuando mi camioneta se rompió, y yo trabajaba en ella en el garaje de mi casa. Un viejo amigo pasó a ver cómo iba todo. Mientras estuvo allí, me preguntó si quería fumar un poco de marihuana con él, y estuve de acuerdo. Antes de irse, tomó otra pequeña porción de marihuana de su bolso y la dejó sobre mi banco de trabajo. Le dije que no la quería, pero él insistió. Cuando se fue, llevé esa pequeña porción dentro de la casa y la arrojé en el inodoro, porque le había prometido a Dios que intentaría no usar ni poseer sustancias ilegales. De pie dentro de la casa, le pedía a Dios que me perdonara y le decía que lo sentía. Lloraba y me sentía bastante sucio internamente mientras oraba. El Espíritu Santo, otra vez, susurró: "Suficiente". Me dijo que abriera mis ojos y mirara hacia arriba. Me encontraba de cara al extremo de la habitación principal de nuestra casa. El Espíritu Santo me dijo que construyera una cruz grande y que la pusiera en ese sitio —donde yo había intentado poner un ídolo— en una plataforma principal, como trofeo.

Inmediatamente comencé a hacer llamadas telefónicas para conseguir tablas de nogal negras con las cuales hacer la cruz. Las madereras locales no la tenían, pero por "coincidencia" un hombre que trabajaba en un depósito de madera tenía las tablas de la medida exacta en su casa, y me las vendió por una fracción de su valor. Antes de darme cuenta, ya no estaba deprimido porque mi camioneta no funcionaba, ni por romper mi promesa ante Dios de no fumar marihuana. Recibí el perdón que Dios ofrece y la fuerza y el vigor que tanto Él anhela darnos.

Los últimos dos ejemplos de comunicación del Espíritu Santo nos muestran algo que muchas personas han descubierto que es verdad. A menudo, cuando Dios nos habla por medio del Espíritu Santo, interrumpe nuestra corriente normal de pensamientos, entra y dice: "¡Escucha!" Luego suelta algo en nuestra mente que es nuevo y refrescante, y centrado en Dios. La gente puede describirlo como un pensamiento espontáneo. Muchas veces descubrimos que es algo que nunca hubiésemos pensado o aun que no habríamos podido pensarlo por nosotros mismos.

Procurar escucharlo a Dios

Dios nos habla por medio de un susurro interno o una voz audible. Este susurro o voz es el Espíritu Santo. Mientras escribía este libro, se volvió muy obvio para mí que este susurro interno es una de las formas más comunes en las que Él me habla. Muchos cristianos pueden referirse a esta guía como la conciencia dada por Dios. Para demasiados creyentes, escuchar esta voz interna se vuelve su "segunda naturaleza", una parte rutinaria de su caminar diario.

A veces, cuando relato mis historias personales sobre Dios y de cómo Él me habla, otros cristianos me cuentan sus propias historias sobre cómo escuchan a Dios hablar. El contar nuestras anécdotas a otros creyentes es alentador para todos los que las oyen. Da evidencia concreta del hecho de que Dios les habla a las personas. Hubo tiempos en los que escuché al Espíritu Santo susurrar mientras estaba con un grupo de otros creyentes, y cuando le decía al grupo lo que había oído, casi siempre alguien más decía haber escuchado lo mismo. ¡Esto puede ser muy emocionante! Esto valida y confirma lo que Dios dijo.

Pero algunas veces, cuando cuento estas historias, sucede lo contrario. La otra persona puede decir: "Estás loco si piensas que puedes escuchar que Dios te habla", o "Eso es imposible". El comentario que más me molesta, sin embargo, es cuando me dicen que tengo suerte de que Dios me hable, porque a ellos no les sucede. Mi amigo Tim, un miembro de la iglesia, solía decirme eso. Decía que, aunque había sido cristiano por años, Dios nunca le había hablado. Desde entonces Dios nos ha demostrado a ambos que sí le había hablado, pero que Tim no se había dado cuenta. Del mismo modo en que escribo de la historia de Tim, espero que comprendas que ¡Dios te ha hablado a ti también!

Responsabilidad

He luchado con la adicción a las drogas por muchos años. Como Tim es mi amigo, quería ayudarme a terminar con ese hábito. Uno de nuestros pastores nos dijo que tenía un compañero de responsabilidad que lo ayudaba cuando él luchaba con algún problema. Tim se ofreció a ser mi compañero de responsabilidad. Estuve de acuerdo, pero no sabíamos exactamente cuál sería el significado o cómo funcionaría. Unas semanas después de nuestro acuerdo, estaba en la casa de un amigo y él acababa de encender una pipa de marihuana. Estaba a punto de dármela cuando sonó mi celular. Era Tim que llamaba para ver cómo estaba. Le dije que me encontraba bien y hablamos por unos minutos. Aunque me resultó un poco extraño, no volví a pensar en el llamado en ese momento.

Pasó alrededor de una semana, y una vez más, estaba en un

lugar donde no tendría que haber estado. Otro amigo estaba a punto de darme un compuesto ardiente cuando mi celular sonó. Miré el identificador de llamada y vi que era Tim. Respondí el teléfono y hablé con Tim brevemente. Pero colgué tan pronto como pude porque me sentía culpable en mi interior. Intenté no pensar en eso y fumé de todos modos. Razoné para mí mismo que ya no estaba en posesión de drogas ni fumaba todos los días, como solía hacerlo.

Algunas semanas más pasaron, y después de terminar con mi trabajo un sábado por la tarde, me detuve en el garaje de un amigo. Fumamos un poquito de marihuana que le quedaba. Me dijo que si me quedaba un rato haría valer mi tiempo, porque alguien iba a pasar y a dejar una sustancia realmente buena. Yo le había prometido a mi esposa y a mis hijos que intentaría llegar a casa temprano ese día para hacer algo juntos. Mientras estaba allí sentado esperando, mi teléfono sonó. Miré el número y vi que era Tim. Tuve tanta convicción que sentí como si Dios mismo me llamara. Ahora comprendía que esas llamadas no eran coincidencias, y ni siquiera pude contestar el teléfono. Mi mente daba vueltas mientras pensaba en lo que acababa de suceder otra vez. Le dije a mi amigo que no podía quedarme, y me fui directo a casa con mi familia.

Al día siguiente fuimos a la iglesia y a la escuela dominical, como siempre. Evadí a Tim ese día, y me quedé pensando en todo lo que había pasado en los últimos dos meses. Supe sin lugar a dudas que Tim escuchaba hablar a Dios, pero que él no podía darse cuenta o discernirlo. No había en absoluto otra forma de explicar las tres llamadas en el momento exacto en el que yo iba a fumar marihuana. También sabía cuán ansioso estaba Tim de escuchar la voz de Dios. Esto me puso en el dilema de decirle a Tim la verdad, o proteger mi orgullo y evitar la vergüenza al no admitir lo que sucedía.

Ese lunes, finalmente, me rendí a Dios y tomé la decisión correcta. Llamé a Tim y le pregunté:

—¿Por qué me llamaste el sábado?

—En realidad, tomaba una siesta corta y me desperté teniéndote en mi mente, y sentí un impulso de llamarte.

—¿Y por qué me llamaste en las otras dos ocasiones previas?

—Solo surgió en mi mente, y creí que debía llamarte —dijo.

Le conté la verdad de todo lo que pasaba cada vez que él me llamó. Era obvio que él reaccionaba a un impulso de parte del Espíritu Santo.

Luego de razonarlo por un rato, Tim comprendió que escuchaba a Dios hablándole, pero no era en la forma que esperaba. Él creía que cuando Dios le hablaba a alguien tenía que ser algo dramático o espectacular, que sería inconfundible. He descubierto que esto es exactamente lo que la mayoría de las personas piensa, pero normalmente no es el caso.

Para mucha gente, cuando Dios les habla por medio del susurro del Espíritu Santo, lo describen como un pensamiento que surgió en sus mentes. A veces también puede ser descripto como un impulso o una urgencia sin haberlo premeditado. Como mencioné anteriormente, el Espíritu Santo a menudo interrumpe nuestros pensamientos con un nuevo enfoque.

Algunos podrán tratar de razonar estos pensamientos, pero otras veces es imposible hacer cualquier correlación entre el susurro del Espíritu Santo y todo lo demás que pasa por nuestra mente.

Los pensamientos que tenemos provienen solamente de tres fuentes: Dios, el diablo y nosotros mismos. (¿Recuerdas la caricatura de la que hablamos?). Desde que nacimos, hemos recibido pensamientos e ideas sin darnos cuenta. Por esta razón, estos diferentes rangos de pensamiento parecen tan naturales, y a menudo se nos hace difícil discernir su verdadero origen.

La voz de Dios

A medida que adquirimos mayor discernimiento, se nos hace más fácil reconocer la fuente de nuestros pensamientos. Cuanto más crecemos en cercanía del Señor y pasamos más tiempo con Él, comenzamos a identificar más claramente su voz. Jesús nos dice: *"Mis ovejas oyen mi voz; yo las conozco y ellas me siguen"* (Juan 10:27). Cuando un pensamiento de Dios llega a nuestra mente, siempre estará alineado con las verdades que encontramos en La Biblia. Si tenemos algún tipo de pensamiento "malo", podemos estar seguros de que proviene de nuestra naturaleza pecaminosa o de una fuente maligna. Encontramos que cuando el diablo intentaba tentar a Jesús para pecar en el desierto, citó Las Escrituras. Satanás tomó los pasajes fuera de contexto y torció su verdadero significado (ver Mateo 4:1-11). ¡El diablo continúa utilizando esta táctica con los cristianos hoy!

Dios nos dio primero el Antiguo Testamento (la Ley) y luego el Nuevo Testamento (el Evangelio). Si vamos a pecar, el Espíritu Santo nos dirá que está mal (la Ley) y que no debemos hacerlo. Si ya pecamos, Él nos dirá que debemos arrepentirnos, y nos ofrecerá el perdón por completo (el Evangelio). El diablo también utiliza estos términos, pero lo hace en la dirección contraria a la de Dios. Antes de que pequemos nos dice que está bien, porque Dios nos perdonará, pero después de que pecamos, Satanás nos dice que somos pecadores indignos, que no podemos o no deberíamos ser perdonados. Hasta puede citar Las Escrituras con nosotros como lo hizo con Jesús, pero siempre será usada de un modo inadecuado. Utilizará el Evangelio para seducirnos al pecado, y usará la Ley estrictamente para condenarnos.

La Biblia nos dice en 1 Juan, capítulo 5, que si creemos que Jesucristo es Dios y que murió en la cruz por nuestros pecados, entonces tenemos al Espíritu Santo dentro de nosotros. Jesús nos dijo que el Espíritu Santo nos enseñaría y nos guiaría. Si sabemos que esto es verdad, entonces ¿por qué hay tantos cristianos que dicen que Dios no se comunica específicamente con ellos? El problema no es que Dios no habla, sino que, por alguna razón ¡la gente no escucha o no se da cuenta de que Dios sí le habla!

Dios nos da un ejemplo perfecto de este tipo de pensamiento en La Biblia. En el capítulo 3 de 1 Samuel, vemos a un niño llamado Samuel que había sido dedicado al Señor cuando era muy pequeño, y que era criado en el templo. Una noche el Señor vino a él y lo llamó por su nombre. Él entonces fue a ver al sacerdote y le dijo: "Aquí estoy". El sacerdote respondió que él no lo llamó, que volviera a acostarse. Una vez más el Señor llamó a Samuel, y este nuevamente se dirigió donde el sacerdote, al pensar que este lo había llamado. El sacerdote volvió a enviar a Samuel a acostarse. La tercera vez, cuando el Señor llamó a Samuel y él fue a ver al sacerdote, este comprendió que debió de haber sido el Señor quien llamó al niño. Por lo tanto, le dijo a Samuel que se fuera a dormir, y que si el Señor lo llamaba de nuevo debería decir: "*Habla Señor, que tu siervo escucha*" (1 Samuel 3:9). La cuarta vez que el Señor llamó a Samuel, él respondió como el sacerdote le había indicado. Entonces el Señor le dio un mensaje sobre lo que sucedería en el futuro.

Esta alentadora historia nos muestra que aun alguien que fue criado en el templo (o iglesia), no pudo discernir inicialmente la voz de Dios. Entonces, ¿por qué nos sorprendemos o nos desilusionamos cuando no siempre nos damos cuenta de que Dios nos habla? Como Samuel, puede ser que no esperemos escuchar a Dios. Como Tim, podemos pensar que su voz debería ser identificable, inconfundible. Tal vez haya muchos otros pensamientos o distracciones en nuestras mentes que suenan a mayor volumen en competencia con Dios por nuestra atención. En 1 Reyes 19:11-13 se nos dice que Dios no le habló a Elías por medio de un viento recio, ni por un terremoto ni por fuego, sino por medio de un suave murmullo. Es muy significativo, porque

La Biblia nos dice que Dios es constante y que no cambia. Quiere decir que cuando Dios nos habla, generalmente debemos esperar un suave murmullo. Si tú o yo tuviéramos que decir que un pensamiento surgió en nuestra mente, ¿a qué sonaría parecido? ¿No sería justo decir que podría compararse con un suave susurro? Jesús nos dice más acerca del Espíritu Santo en Juan 16:8-15. Primero nos dice que el Espíritu Santo convencerá al mundo en cuanto al pecado. En otras palabras, el Espíritu Santo actuará como nuestra conciencia, eso que hace que nos sintamos mal internamente cuando sabemos que hacemos algo malo. Jesús dice que el Espíritu Santo revelará el modelo de rectitud de Dios a los creyentes. No solamente nos dirá lo que está mal, sino que nos hará saber lo que es correcto y lo que Él espera de nosotros. Esto es lo que nos hace sentir bien cuando hacemos algo que sabemos que es correcto. Cerca del final del capítulo 16 de Juan, Jesús nos dice que el Espíritu Santo demostrará los juicios contra Satanás y nos guiará a toda verdad. En otras partes de La Biblia se nos dice que la verdad principal a la que el Espíritu Santo nos guía, es la verdad de que Jesús es Dios y que Él murió por nuestros pecados (ver 1 Juan 5:6-12).

Juan 16:13 nos dice que el Espíritu Santo nos anunciará lo que vendrá. Esto puede ser tomado en un sentido eterno. Cuando creemos en Jesús y creemos que Él murió por nuestros pecados, tenemos asegurada la vida eterna en el cielo. También puede ser tomado en un sentido diario. Hubo veces en que el Espíritu Santo me dijo lo que sucedería para ayudarme a mí, a mi familia o a otros. Leímos antes acerca de esa vez cuando Dios me mostró en un sueño (o visión) cómo resultaría mi continuidad en mi trabajo. Me dijo que no fuera necio sino paciente, porque previamente había decidido renunciar si no obtenía lo que quería. Este es un buen ejemplo de cómo el Espíritu Santo nos puede decir o advertir sobre algo que sucederá en el futuro.

El Espíritu Santo me ayudó otra vez de esta manera mientras mi esposa y yo conducíamos hacia la iglesia una noche. Íbamos por una carretera secundaria serpenteante de doble mano, que también subía y bajaba por algunas pequeñas colinas. Mientras conducía y me acercaba a una cima, escuché el murmullo del Espíritu Santo que me advertía que había venados más adelante y que debía tener cuidado. Comencé a bajar la velocidad y repetí en voz alta para mi esposa todo lo que había escuchado. Cuando el auto llegó a la cima de la colina, varios venados corrieron de frente al auto y casi los golpeamos. Si no hubiese sido advertido, y si no hubiese reaccionado bajando la velocidad, habríamos estado involucrados en un serio accidente.

Otro ejemplo de cómo el Espíritu Santo nos dice lo que está por venir sucedió cuando aún vivíamos en el extremo sur de nuestro Estado. Toda nuestra familia, incluidos nuestros cuatro hijos, estaba en el auto, y viajábamos al norte para pasar el fin de semana. El tránsito interestatal era excelente. Conducía por la vía rápida, junto a la barrera de concreto, y más rápido de lo que debía.

Justo cuando iba a dejar atrás un camión semitráiler, escuché al Espíritu Santo que me preguntaba qué haría si un neumático reventara. Inmediatamente tomé el volante con ambas manos, porque manejaba solo con los dedos pulgar e índice izquierdos. Asumí que el reventón sería en nuestro auto. Tan pronto como puse mis dos manos en el volante, uno de los neumáticos del semitráiler reventó y el caucho roto se estrelló contra nuestro parabrisas. Aunque había sido advertido, aun así el volante se sacudió cuando el caucho golpeó nuestro parabrisas. Estuve a solo unos centímetros de golpear la barrera de concreto mientras viajaba a más de 110 km por hora. Si no hubiese recibido la alerta del Espíritu Santo y tomado el volante con ambas manos, seguramente habría resultado en una tragedia. Estoy muy agradecido de que, una vez más, Dios me haya hablado por medio del Espíritu Santo para prepararme para lo que estaba a punto de suceder.

¿La voz de Dios?

No tengo ninguna duda de que estas tres experiencias sucedieron como resultado de que Dios me habló por medio del Espíritu Santo. Pero algunas veces sus avisos son difíciles de discernir. Un día, mientras viajaba hacia un lugar de trabajo en otro pueblo, vi dos cruces a un lado del camino cerca de un cruce ferroviario. Disminuí la velocidad porque tuve un pensamiento de que debía detenerme y leer los nombres en las cruces. Una de ellas estaba recién pintada y la otra estaba gastada. Podía leer el nombre en la cruz recién pintada, pero no en la otra. Algo seguía diciéndome que me detuviera para poder leer el nombre, pero tenía que cumplir un horario y no quería llegar tarde a mi trabajo. Bajé la velocidad casi hasta detenerme, pero aún no podía leerlo. A ese punto, otro pensamiento llegó a mi mente: "¿Qué importa que nombre esté en la cruz?" No quería llegar tarde y no parecía ser importante, así que continué mi viaje al trabajo.

Camino a casa esa noche, me acerqué al área del cruce ferroviario desde la dirección opuesta. Una vez más fui impulsado a detenerme y leer el nombre en la cruz desgastada, pero ya estaba por llegar tarde y sabía que no tenía tiempo para detenerme si quería llegar a la iglesia a tiempo para una reunión. Otra vez argumentaba contra la idea porque no quería llegar tarde y porque parecía tonto. Me detuve e intenté leer el nombre desde la camioneta. El impulso era persistente, hasta que finalmente salí de la camioneta y me acerqué lo suficiente como para leer el nombre en la cruz. No reconocí el nombre, y no significaba absolutamente nada para mí. Volví a mi camioneta, pensando que debía estar loco por perder el tiempo cuando iba a llegar tarde.

Después de tomar una ducha rápida y devorar la cena, llegué a la iglesia para la reunión del comité de evangelismo. Luego de los ejercicios de entrenamiento, normalmente hacemos visitas para alentar a aquellos que tienen necesidades particulares. Esa noche teníamos dos visitas para hacer. Nuestro pastor concierta las visitas con anterioridad y entonces decide quién acudirá a las citas de acuerdo a quienes son los miembros de evangelismo presentes y cuáles son las circunstancias. Nos entrega una tarjeta con un nombre y una dirección, un número telefónico y algo de información de respaldo.

Esa noche el pastor le dio a mi compañero una tarjeta y nos dijo que iríamos a visitar a una mujer que no había asistido a la iglesia por un tiempo. Continuó diciendo que había ocurrido una muerte en la familia hacía algún tiempo, y que luego de esa muerte la mujer ya no se presentó con regularidad en la iglesia. Visitaríamos a esa mujer para darle apoyo y decirle que se la extrañaba en la congregación. Cuando mi compañero me dio la tarjeta, me di cuenta que el apellido era igual al que estaba en la cruz de pintura gastada. El pastor nos dijo que la joven hija de la mujer había muerto en un accidente de tránsito. En mi corazón supe que su nombre era el que había leído en la cruz ese día, y cuando el pastor me lo confirmó comencé a llorar. Le conté a nuestro pequeño grupo lo que había sucedido más temprano, y la lucha que tuve para tomarme el tiempo y leer el nombre.

Mi compañero y yo visitamos a la mujer en su casa. Luego de hablar por un rato, le conté lo que me había ocurrido en el cruce ferroviario ese mismo día. Ella se sentó y se quedó mirándome por un momento antes de hablar. Era como si tratara de decidir si creerme o no. Cuando finalmente habló, me hizo una pregunta para la que no estaba preparado:

—Entonces, ¿por qué piensas que Dios quería que leyeras el nombre en esa cruz hoy?

El Espíritu Santo me dio la respuesta tan pronto como ella hizo la pregunta:

—Dios quería mostrar que Él no se ha olvidado de tu hija o de ti, y quería que supieras que te ama y que te busca con su amor a través de nosotros.

La mujer rompió en lágrimas, y también yo. Tuvimos una conversación genuina después de eso, basada en el amor de Dios y en los temas de la vida real que importaban. Desearía poder decir que todas las visitas que hacemos a los hogares son tan poderosas. Cuando sentí el impulso de leer el nombre en la cruz, no tuvo ningún sentido para mí. No tenía forma de saber por qué era importante. Mis horarios y mi agenda personal tan ocupados parecían mucho más importantes que leer un nombre en una cruz desgastada a un lado del camino. Obviamente, no entendí que era Dios o el Espíritu Santo el que intentaba que lo leyera, de ser así no hubiese dudado. Esto demuestra cuan fácil es ahogar la voz de Dios durante nuestra vida diaria. La primera vez que sentí el impulso no me detuve, y estuve muy cerca de no detenerme la segunda vez; casi perdí la oportunidad de ayudar a Dios a traer sanidad a una mujer en luto.

Gracias a Dios, a menudo Él vuelve a repetirnos todo si es necesario. Si eres como yo, puede tomar más de una vez antes de que estés lo suficientemente cerca para oírlo. Puedo pensar en muchas oportunidades en las que Dios me habló sobre lo mismo de diferentes maneras, para asegurarse de que me hacía comprender su punto. Desafortunadamente, también puedo pensar en varias veces en mi vida en las que no lo escuché, aun cuando me dijo algo más de una vez. A menudo esto lleva a infortunadas consecuencias.

La primera oportunidad en la que ignoré la voz de Dios fue también la primera vez que lo escuché hablar audiblemente. Tenía 19 años y visitaba a mi novia por el fin de semana, en la universidad donde ella asistía, en otro pueblo. El sábado peleamos tanto por mi adicción a las drogas, que decidí conducir a casa en lugar de quedarme hasta el domingo a la noche como había planeado. Me dijo que cambiaría de tema si estaba de acuerdo en ir a la iglesia con ella el domingo por la mañana. Estuve de acuerdo, pero le dije que me marcharía en cuanto el servicio de la iglesia terminara. Caminamos hacia la iglesia esa mañana, y cuando íbamos a entrar al edificio sentí una abrumadora presencia de Dios. En el pasado siempre me había hecho sentir bien, pero esta vez me hizo sentir mucha convicción por mis acciones. Entramos y nos sentamos en la penúltima fila. El servicio comenzó, y justo cuando empezamos a cantar el primer himno, escuché a Dios decir mi nombre. Eso es todo lo que dijo, solo mi nombre. En el caso de que te lo preguntes, sí, yo estaba completamente sobrio.

Era tan fuerte que se sintió como si todo el edificio temblara cuando lo escuché. No puedo decir que fuera como un alarido; sin embargo, era más potente que ninguna otra cosa que haya escuchado antes. El Salmo 29:4 lo explica: *"La voz del Señor resuena potente; la voz del Señor resuena majestuosa"*. Cuando esto ocurrió, dejé caer el himnario y giré para mirar detrás de mí. Las pocas personas que estaban en la última fila me miraban como si estuviese loco. Entendí que yo era el único que había oído la voz de Dios, aunque no parecía posible porque fue a un volumen muy fuerte.

A pesar de que todo lo que escuché fue mi nombre, me habló a montones. A través de la sencilla mención de mi nombre, también oí y sentí: "Bruce, te amo. Bruce, estoy preocupado por ti", como un padre diría a su hijo que está por tomar una mala decisión. Era llamado, consolado y convencido, todo en un mismo momento. Recientemente alguien me había ofrecido ayuda para pagar mis estudios universitarios, y yo sabía que esta voz también me llamaba a involucrarme en el ministerio.

Cuando el servicio en la iglesia hubo terminado, le dije adiós a mi novia y partí rápidamente. Tenía algo de marihuana en mi auto y comencé a fumar e intentar olvidar lo que había sucedido, pero no pude.

Desearía poder decir que escuché a Dios ese día, pero no puedo. No dejé de drogarme o vender drogas en ese momento, y definitivamente, no escogí involucrarme en el ministerio. En lugar de eso, elegí escuchar las otras voces, las que me decían que no era digno ni amado. Muchas veces me he arrepentido de la elección que hice ese día, o de pensar que huía del Creador del universo. Mi mala decisión me causó años de sufrimiento y dolor. Uno pensaría que tendría que haber aprendido la lección de escuchar a Dios, pero yo continué tratando de hacer, a veces, las cosas a mi manera.

Años más tarde, el día anterior a la muerte de mi cuñada, Dios me dijo que fuera a su casa y pasara algún tiempo con ellos. Ese día, dos personas me llamaron y me hicieron preguntas que solo mi hermano podría ayudarme a responder. En ese día en particular, vivía un tiempo de dura lucha con mi adicción. Sabía sin lugar a dudas que era el Espíritu Santo quien me instaba a ir y hablar con ellos, pero yo luchaba contra Él. Mi hermano y su esposa se habían mudado recientemente a su primera casa, y mi esposa y yo habíamos comprado para ellos un regalo por el estreno de la casa. Como un compromiso con Dios, decidí dejar el regalo en los escalones de la puerta de su casa antes de que volvieran de trabajar, para no tener que hablarles. No era que no quería pasar tiempo con ellos. Era solo que no me sentía bien para hablar con nadie; me sentía miserable. Le dije a Dios que les hablaría otro día.

Cuando puse el presente frente a su puerta, escuché claramente a una voz maligna decir que ella nunca utilizaría mi regalo, ni siquiera una vez. Era tan claro que pregunté por qué no, a lo que no recibí respuesta alguna. Me siento avergonzado al admitir que me enojé mucho al pensar en todas las razones por las cuales ella no usaría mi presente. Esa voz maligna, ese demonio, estaba en lo cierto; ella nunca pudo usar ese regalo, pero no fue por ninguna de las razones en las que yo pensé. La Biblia nos dice que el diablo y sus demonios no pueden ver el futuro, pero que planean por adelantado y a veces pueden adivinar cómo reaccionaremos. El libro de Job nos da ejemplos de esto.

Nuevamente me refiero a la caricatura del ángel en un hombro y el diablo en el otro. Esa tarde, claramente escuché ambas voces; pero debido a que yo confiaba en mi propio razonamiento, ese día no seguí la voluntad que Dios tenía para mí.

Porque nuestra lucha no es contra seres humanos, sino contra poderes, contra autoridades, contra potestades que dominan este mundo de tinieblas, contra fuerzas espirituales malignas en las regiones celestiales.

—EFESIOS 6:12

No puedo volver atrás y cambiar el resultado de lo que sucedió, pero agradezco a Dios que puedo ir a los pies de la cruz y pedir perdón. Aun si tu desobediencia tiene trágicas consecuencias, Dios te perdonará si se lo pides. Él es fiel para perdonar tus pecados por medio de su gracia y misericordia. No merecemos su amor, pero su amor es eterno. Él nos ama a pesar de nuestros defectos y fracasos. Sé que Él me ha perdonado muchas veces y me ha dado oportunidades de volver a su voluntad para mi vida. En ocasiones, seguir nuestros propios pasos y fracasar, hace que sea más fácil seguir su voluntad, cuando ya hemos visto el resultado de la otra alternativa.

Obediencia

Ahora, cuando el Espíritu Santo me impulsa a hacer algo, inmediatamente trato de obedecer. Por ejemplo, en los últimos años, puedo pensar en varias ocasiones en las que no tenía ni idea de lo que sucedía en la vida de otra persona, cuando Dios me hacía visitarla en el momento exacto y con el mensaje justo para ella:

- El hijo de un cliente murió repentinamente y yo llamé al día siguiente.

• Muchas veces, alguien tenía realmente un mal día y yo llamé justo cuando necesitaba con quien hablar.

• La esposa de un hombre estaba en el hospital con expectativa de muerte y yo llamé al día siguiente.

• Leía un libro y Dios me impulsó a relatarle cierta parte a una persona, y eso provocó una gran diferencia en su vida.

• El Espíritu Santo impulsó a mi esposa y a mí a dar uno de nuestros vehículos a alguien que intentaba ahorrar dinero para un viaje misionero; luego nos enteramos de que él había vendido su vehículo para conseguir el dinero para el viaje ese mismo día.

• Dios me dijo que orara por un matrimonio antes de que ellos mencionaran que estaban con luchas.

• Dios me dijo que repitiera cierto versículo de La Biblia a ciertas personas, sin saber por qué; luego me dijeron cuánto había significado para ellos.

No puedo acreditarme ninguna de estas cosas; toda la gloria es para Dios. Déjame decir también que, si Él puede usarme a mí, puede usar a cualquiera que esté dispuesto a escuchar sus impulsos.

Un día almorzaba con un amigo cuando mi celular sonó. Me llamaba el pastor asociado de mi iglesia. Me dijo que recién había escuchado la voz de Dios por primera vez, que le habló con referencia a una tarea específica, que debía llamarme, pero no estaba seguro por qué. Yo sabía por qué, pensé. Había estado sobrio por el período más largo en mi vida adulta, cerca de tres meses, pero me había rendido a la tentación el día anterior. Me sentí horrible por ello y atravesaba un momento duro de sobrellevar. El pastor me dijo que cantó himnos, oró y pidió perdón porque él también había caído recientemente en un área débil de su vida, y que Dios dijo que me llamara y me contara sobre ello. Le respondí que el llamado debió ser para ambos.

Hablamos sobre algunos versículos que tratan sobre la confesión y sobre lo saludable que es traer nuestros pecados a la luz. Realmente respeto a mis pastores, pero que uno de ellos me llamara para decirme que había caído en pecado al mismo tiempo que yo luchaba con la culpa, realmente me hizo sentir mejor. Nos despedimos y yo agradecía a Dios por el llamado cuando volvió a sonar mi celular. Era el mismo pastor diciendo que el Señor le dio la estrofa de un himno que deseaba recordarme. La estrofa decía: "Nada de lo que hayas hecho permanece, solo lo que haces por mí". Ese día Dios nos ayudó a ambos a sentirnos mejor, porque mi pastor obedeció la voz de Dios, aun cuando, al principio, no tenía sentido para él.

Señales

La mayor parte del tiempo, cuando escucho al Espíritu Santo, suena como un suave murmullo o una voz en mi cabeza. Ahora me encuentro en un punto de mi caminar con el Señor en el que, por lo general, puedo discernir su voz de los otros pensamientos que dan vueltas en mi cabeza. Jesús nos dijo que sus ovejas conocen su voz y lo escucharán.

Recientemente conducía cerca de la propiedad de unos amigos, que tiene una cartelera. Periódicamente ellos cambian las frases motivadoras que se exponen en ella. Ese día no presté mucha atención, y no comencé a leer la cartelera sino hasta que ya casi la había pasado, de modo que solo pude leer la primera línea. El

Espíritu Santo me preguntó qué decía el cartel, y yo no podía responderle porque no había leído toda la frase. Me hizo la pregunta nuevamente y me dijo que el cartel no decía lo que se suponía que debía decir. Sabía que era el Espíritu Santo, así que llamé al celular de mi amigo para preguntarle qué decía el cartel. Dejé mi pregunta en su casilla de mensajes de voz. Me llamó apenas unos minutos después. Me contó que hablaba por teléfono con alguien más que lo había llamado para decirle que un bromista había cambiado el mensaje de su cartelera para que dijera algo inapropiado. Él estaba fuera del Estado en ese momento, y me pidió si podía volver y quitar ese mensaje alterado. En ese momento yo estaba a solo unos kilómetros del cartel, así que di la vuelta y lo corregí enseguida.

Si hubiese ignorado ese impulso del Espíritu Santo, la cartelera no habría sido cambiada tan pronto. El pensamiento o voz que escuché no tenía sentido para mí, pero obedecí porque Dios siempre ve una imagen más grande. Él sabía por qué debía leer el nombre en la cruz gastada, por qué debía hablar con mi hermano y su esposa, por qué mi pastor llamó para confesar su pecado, por qué Tim siguió llamándome, y la razón por la que todas las otras veces me impulsó a llamar a alguien sin una causa aparente (para mí). Solo Dios conoce todo y Él es el único que puede guiarnos a hacer su voluntad. A veces el Señor puede decirnos que hagamos o digamos algo que inicialmente no entendemos; aquí es donde entra la fe. No podemos tratar de depender de nuestro propio razonamiento o entendimiento; si lo hacemos, fallaremos.

Dones y frutos del Espíritu Santo

Jesús prometió enviar el Espíritu Santo a sus creyentes. Has leído ejemplos de cómo el Espíritu Santo me ha hablado a mí y a otros cristianos. Ahora me gustaría dar un vistazo a algunos de los dones y frutos que podemos esperar del Espíritu Santo. Dios utiliza estos dones y frutos en los creyentes para que se ministren unos a otros y a los no creyentes. Al hacer esto, Él muestra y habla de su amor a toda la gente. Se nos dice sobre los frutos del Espíritu Santo en Gálatas 5:22-23:

En cambio, el fruto del Espíritu es
- *amor,*
- *alegría,*
- *paz,*
- *paciencia,*
- *amabilidad,*
- *bondad,*
- *fidelidad,*
- *humildad y*
- *dominio propio. No hay ley que condene estas cosas.*

Esto nos dice que, si vivimos una vida guiada por el Espíritu Santo, Él comenzará a cultivar estos rasgos en nosotros. En la naturaleza, el fruto no aparece instantáneamente en el árbol; toma su tiempo para crecer y ser nutrido. Del mismo modo sucede con los frutos del Espíritu. Les lleva un tiempo madurar en nuestras vidas. Si miras esa lista otra vez, estoy seguro de que podrás pensar en las personas que tienen algunos de estos frutos. Las personas en las que yo puedo pensar son todos cristianos maduros. Para que el fruto crezca en nuestras vidas, lleva su tiempo.

Cuando aplicamos este fruto a nuestras vidas diarias, hacemos la obra de Dios aquí en la Tierra. Dios habla por medio de nosotros cuando verdaderamente amamos a nuestros vecinos, a nuestros enemigos y a los miembros de nuestras familias. Cuando somos pacientes con esa persona que, en nuestro trabajo, realmente trata de acabar con nuestra paciencia, otros ven y escuchan a Dios a través de nuestras acciones y reacciones. Cuando tenemos paz y gozo, aun cuando nuestras circunstancias sean de todo menos buenas para nosotros, esto prueba a aquellos que nos rodean que Dios está vivo y que está dispuesto a ayudar a sus seguidores. El Espíritu Santo cultiva su fruto en nuestras vidas, y lo utiliza para hablar a aquellos a nuestro alrededor sobre la naturaleza misma de Dios.

El Espíritu Santo también emplea lo que La Biblia llama "dones espirituales" para el bien común de todos. Algunos de los dones espirituales son mencionados en Romanos 12:6-8:

Tenemos dones diferentes, según la gracia que se nos ha dado. Si el don de alguien es el de
- *profecía, que lo use en proporción con su fe; si es el de*
- *prestar un servicio, que lo preste; si es el de*
- *enseñar, que enseñe; si es el de*
- *animar a otros, que los anime; si es el de*
- *socorrer a los necesitados, que dé con generosidad; si es el de*
- *dirigir, que dirija con esmero; si es el de*
- *mostrar compasión, que lo haga con alegría.*

Otro lugar en La Biblia que menciona los dones del Espíritu Santo está en Efesios 4:11-12. Allí se nos dice:

Él mismo constituyó a unos,
- *apóstoles; a otros,*
- *profetas; a otros,*
- *evangelistas; y a otros,*
- *pastores y*
- *maestros, a fin de capacitar al pueblo de Dios para la obra de servicio, para edificar el cuerpo de Cristo.*

El último versículo de este pasaje es muy importante. Nos

dice nuevamente el propósito de estos dones espirituales. Lee-mos que estos frutos y dones espirituales son para preparar al Pueblo de Dios para la obra de servicio, para que el Cuerpo de Cristo, el Cuerpo de la Iglesia, sean edificados. Los frutos y do-nes no son para el beneficio de quien los posee, sino para las personas a su alrededor. Los frutos y dones son otorgados para preparar a quienes le son confiados para la obra de servicio. No son dados para estimular el orgullo espiritual. Por el contrario, son concedidos para que la persona esté mejor preparada para servir a otros.

Los dones espirituales también son mencionados en 1 Corin-tios 12:4-11. Comienza dando la razón de esos dones:

Ahora bien, hay diversos dones, pero un mismo Espíritu. Hay di-versas maneras de servir, pero un mismo Señor. Hay diversas fun-ciones, pero es un mismo Dios el que hace todas las cosas en todos. A cada uno se le da una manifestación especial del Espíritu para el bien de los demás. A unos Dios les da por el Espíritu

- *palabra de sabiduría; a otros, por el mismo Espíritu,*
- *palabra de conocimiento; a otros,*
- *fe por medio del mismo Espíritu; a otros, y por ese mismo Espíritu,*
- *dones para sanar enfermos; a otros,*
- *poderes milagrosos; a otros,*
- *profecía; a otros,*
- *el discernir espíritus; a otros,*
- *el hablar en diversas lenguas; y a otros,*
- *el interpretar lenguas. Todo esto lo hace un mismo y único Espí-ritu, quien reparte a cada uno según él lo determina.*

Esta última lista de dones es intrigante, pero el resto del ca-pítulo deja muy en claro que ningún don es suficiente para des-tacarse por sí mismo. El escritor compara a la Iglesia, o el Cuerpo de Cristo, con un cuerpo físico. Así como el cuerpo físico está hecho de muchas partes diferentes, así también el Cuerpo de Cristo. Cada parte de tu cuerpo físico juega un papel importante en toda tu salud, así también lo hace cada parte del Cuerpo de Cristo. No hay lugar para el orgullo o la envidia. No existen los "súper cristianos" así como no hay "cristianos excedentes". La persona a la que se le ha dado el don de sanar no es más importante que la persona a la que se le dio el don de fe. Pablo nos dice en el capítulo siguiente de 1 Corintios, que ningún don merece la pena o es efectivo sin amor. Continúa diciendo que deberíamos desear ansiosamente los dones espirituales.

El libro de los Hechos habla directamente sobre el Espíritu Santo, y muestra cómo hubo algunas maneras diferentes por las que las personas recibieron la llenura del Espíritu (a menudo llamado bautismo o unción del Espíritu Santo). En el día de Pentecostés, tres mil personas vinieron a la fe y recibieron el Espíritu Santo al escuchar La Palabra y ser bautizados. Cornelio, un gentil, y su grupo, también recibieron el Espíritu Santo (antes de ser bautizados por agua) al escuchar La Palabra (ver Hechos 2:1-4; 10:44-48). Leemos en otros lugares sobre personas que fueron bautizadas pero que, sin embargo, no recibieron esta llenura del Espíritu Santo hasta que el mensajero de Dios puso sus manos sobre ellas y oró específicamente para pedir al Espíritu Santo que las llenara (ver Hechos 8:14-17; 9:17-19; 19:1-7). Lo más importante para tener en mente y lo único que es común a todas estas formas de llenura del Espíritu Santo, es que la persona que es llenada verdaderamente desea ser llena del Espíritu Santo. Se arrepiente, confiesa, se vuelve de su pecado y clama por el perdón que le es ofrecido por la muerte de Jesús.

Podemos tomar las palabras de Jesús de manera plenamente literal en Lucas 11:13: *"Pues si ustedes, aun siendo malos, saben dar cosas buenas a sus hijos, ¡cuánto más el Padre celestial dará el Espíritu Santo a quienes se lo pidan!"* Dios desea darte el don de su Espíritu.

Existen diferentes reacciones al ser ungidos por el Espíritu Santo, porque Dios nos hizo únicos y nos habla individualmente. Muchas personas dicen que cuando fueron llenas del Espíritu Santo, lo sintieron físicamente, mientras que otras personas no. Algunas personas tienen una reacción inmediata, mientras que otras tienen una reacción tardía. A menudo, para comprender cuáles dones nos han sido dados, debemos estar en oración y tener discernimiento, pero necesitamos recordar las palabras de Jesús en el versículo anterior (ver Lucas 11:13). Dios te responderá al orar pidiendo el Espíritu Santo, porque esa oración se encuentra alineada con su voluntad y lo glorifica a Él. No necesitamos estar preocupados por cuánta cantidad de Espíritu Santo tenemos, sino por cuánto Él tiene de nosotros. Caminar con Dios es un viaje de toda la vida, no unas vacaciones de domingo por la mañana. Cuanto más nos humillamos y nos volvemos más obedientes a Él, Él nos bendecirá con más de sus frutos y dones. A medida que este proceso continúa, escucharemos o discerniremos más claramente su voz, y aquellos que nos rodean también escucharán a Dios cuando Él les hable por medio de nuestras vidas.

Tu turno

Escribe sobre los frutos o dones que te han sido dados. Si aún no has orado por la llenura del Espíritu Santo, te insto a que lo hagas. ¡A Dios le encanta responder esta oración! Escribe sobre algunas de las veces en tu vida en las que Dios te habló por medio del Espíritu Santo. Tal vez fue una voz audible o quizá fue un pensamiento o un impulso que llegó a tu mente y que te diste cuenta de que no provenía de ti mismo.

_____

_____

Dios habla por medio del Espíritu Santo

_____

_____

_____

_____

_____

_____

_____

_____

Dios habla por medio de designios y circunstancias

En el primer versículo de La Biblia se nos dice que: *"Dios, en el principio, creó los cielos y la tierra"* (Génesis 1:1). El resto de este primer capítulo de La Biblia nos dice en qué orden creó todas las cosas. En el día uno, creó la luz, para que hubiera día y noche. En el día dos, separó las aguas en los cielos de las aguas en la Tierra, y creó el cielo. En el día tres, reunió las aguas que había sobre la Tierra y formó los mares, y a lo seco llamó tierra. También creó la vegetación ese día. En el día cuatro, creó el Sol, la Luna y las estrellas para que gobernaran el día y la noche, y para establecer las estaciones. En el día cinco, creó los peces y las aves, para que llenen llenaran los mares y el cielo. En el sexto día, creó los animales para llenar la Tierra, y al hombre y la mujer para que cuidaran la Tierra y estuvieran en comunión con Dios. En el séptimo día Dios descansó y declaró que todo lo que había creado era muy bueno.

¡Qué mundo tan magnífico es el que Dios creó! Dios nos habla en voz alta simplemente a través de su creación. Observa el mundo que te rodea, es asombroso. El Salmo 19 dice:

Los cielos cuentan la gloria de Dios, el firmamento proclama la obra de sus manos. Un día comparte al otro la noticia, una noche a la otra se lo

hace saber. Sin palabras, sin lenguaje, sin una voz perceptible, por toda la
tierra resuena su eco, ¡sus palabras llegan hasta los confines del mundo!

—SALMO 19:1-4A

Dios se revela a sí mismo a nosotros por medio de la naturaleza. Vemos un Dios de orden y belleza en detalle, un Dios que es inteligente y poderoso. Esta forma de hablar con nosotros es conocida como *revelación general*. Pablo lo explica de esta manera:

Me explico: lo que se puede conocer acerca de Dios es evidente para ellos,
pues él mismo se lo ha revelado. Porque desde la creación del mundo las
cualidades invisibles de Dios, es decir, su eterno poder y su naturaleza
divina, se perciben claramente a través de lo que él creó, de modo que
nadie tiene excusa.

— ROMANOS 1:19-20

En otras palabras, cuando miramos la creación, se hace obvio que existe un Creador. Vemos que aun las civilizaciones antiguas de todo el mundo reconocían que detrás de las escenas de la vida había algún poder más alto, o Dios. La Biblia revela quién es exactamente el Dios de la creación y de quién se trata. Esta es conocida como una *revelación especial*.

La creación era perfecta hasta que Adán y Eva pecaron. Después de la "caída", aun la naturaleza quedó maldita. Aparecieron espinas y cardos, y el hombre tuvo que trabajar la tierra para sobrevivir. Comenzaron a ocurrir desastres naturales, y la naturaleza quedó en desequilibrio (ver Génesis 2 y 3). Tanto el hombre como la naturaleza tendrán que esperar hasta el fin del mundo para volver a ser perfectos.

La creación aguarda con ansiedad la revelación de los hijos de Dios, por-
que fue sometida a la frustración. Esto no sucedió por su propia voluntad,
sino por la del que así lo dispuso. Pero queda la firme esperanza de que

la creación misma ha de ser liberada de la corrupción que la esclaviza, para así alcanzar la gloriosa libertad de los hijos de Dios. Sabemos que toda la creación todavía gime a una, como si tuviera dolores de parto. Y no sólo ella, sino también nosotros mismos, que tenemos las primicias del Espíritu, gemimos interiormente, mientras aguardamos nuestra adopción como hijos, es decir, la redención de nuestro cuerpo.

—ROMANOS 8:19-23

En Apocalipsis, el último libro de La Biblia, se nos dice que Dios creará un cielo nuevo y una Tierra nueva; el pasaje anterior de Romanos dice que la creación ha esperado ansiosamente por esto. La creación será perfecta otra vez, y también lo serán las personas que vivan allí. Se nos dice que será aun mejor de lo que podemos imaginar. Dios vivirá con su pueblo y todo será como debiera:

Oí una potente voz que provenía del trono y decía: "¡Aquí, entre los seres humanos, está la morada de Dios! Él acampará en medio de ellos, y ellos serán su pueblo; Dios mismo estará con ellos y será su Dios. Él les enjugará toda lágrima de los ojos. Ya no habrá muerte, ni llanto, ni lamento ni dolor, porque las primeras cosas han dejado de existir".

—APOCALIPSIS 21:3-4

¡Este parece un gran lugar para estar!

Aunque la creación continúa estando bajo maldición por ahora, podemos escuchar a Dios hablarnos por medio de ella. La mayor parte de las personas que han tenido mascotas atestiguarán sobre el amor incondicional que Dios pone en ellas. Cuando vemos a personas o animales proteger a sus pequeños aun hasta la muerte, vemos una imagen del amor de Dios por nosotros. La gloria de un amanecer, la majestuosidad de las montañas, el esplendor de los mares, todos proclaman un mensaje de Dios. ¡Dios utiliza su creación para hablarnos!

Nuestro Señor Dios dice que Él es el Alfa y la Omega, el principio y el fin (ver Apocalipsis 22:13). No es una coincidencia que Él se llame a sí mismo así y que dé comienzo y fin al mundo que conocemos. Tampoco es coincidencia que comience y termine La Biblia del modo en el que lo hace. Todas las cosas malas que encontramos al principio de La Biblia son restauradas para toda la eternidad en el final de La Biblia. Al principio de La Biblia, el pecado entra en la creación a través de Satanás, las personas son malditas y se esconden de Dios, lágrimas son derramadas y el paraíso se pierde. Al final de La Biblia, Satanás es derrotado, el pecado es expulsado, las personas son benditas y viven con Dios por la eternidad; ya no hay más lágrimas y el paraíso es recobrado.

Jesús y José

Dios nos habla por medio de su creación o de sus designios, y sus designios afectan nuestras circunstancias. Por ejemplo, no elegimos en qué país vamos a nacer, o qué gobierno estará en el poder, de qué color será nuestra piel o cómo será nuestra familia. Algunas personas llaman a estas cosas destino o circunstancias incontrolables. La Biblia dice que Dios diseñó y planeó *todas* las cosas. *"En Cristo también fuimos hechos herederos, pues fuimos predestinados según el plan de aquel que hace todas las cosas conforme al designio de su voluntad"* (Efesios 1:11).

Dios les da a todos los seres humanos libre albedrío, por lo tanto, podemos hacer nuestras propias elecciones con respecto a una cantidad de cosas en la vida. Dios también conoce qué elecciones hará cada uno de nosotros. Como Él sabe qué es lo que vamos a hacer, se ocupa de preparar todo lo que desea cumplir en el largo plazo, más allá de nuestras malas decisiones o elecciones. Muchos ejemplos de esto son dados en La Biblia. El mejor ejemplo es Jesús. Él vivió una vida perfecta y sin pecado, sin embargo, fue torturado y crucificado. Sus circunstancias no parecen ser justas o justificadas para nuestra manera de pensar. Pero Jesús derramó su sangre inocente por nuestros pecados. Fue sacrificado para que nosotros podamos vivir para siempre en el cielo. Este es un ejemplo perfecto en el que Dios habla a uno de sus hijos y cumple con su voluntad, a pesar de las circunstancias injustas.

Tal vez pienses que era diferente para Jesús porque Él era Dios. Tal vez pienses que, debido a que tú eres una persona común, Dios no se preocupa o no controla tus circunstancias. No es verdad. A Él le importan las personas comunes, como José. José no era perfecto; tenía problemas familiares, y le sucedieron un montón de cosas injustas. Pero Dios usó las circunstancias de José para cumplir su voluntad, aunque, según nuestro modo de pensar, no eran correctas o justas.

La historia de José se encuentra en el libro de Génesis, entre los capítulos 37 y 50. Era el favorito de su padre y había recibido de él una túnica ricamente adornada. En sus sueños, su familia se postraba ante él, y José se había jactado con respecto a esos sueños. Debido a todo esto, sus hermanos estaban celosos y lo odiaban. Un día su padre envió a José a ver a sus hermanos, y cuando ellos lo vieron venir, inventaron un plan para deshacerse de él. Lo echaron dentro de una cisterna y debatían qué hacer con él. En ese momento, unos mercaderes pasaban por allí, así que vendieron a José a los mercaderes. Fue llevado a Egipto y vendido como esclavo a Potifar, uno de los oficiales del faraón.

Dios bendijo el duro trabajo de José, y su amo lo puso a cargo de todo en la casa. Pero la esposa de Potifar deseaba que José durmiera con ella, y él se rehusó. Un día ella intentó seducirlo, y José huyó. Ella se enfadó y lo acusó de tratar de violarla. Fue enviado a la prisión por un crimen que no cometió.

Mientras estaba en prisión, interpretó dos sueños para dos de los oficiales del faraón. Ambas interpretaciones se volvieron realidad. Dos años más tarde, el faraón tuvo dos sueños que nadie podía interpretar. Un oficial recordó cómo José había interpretado con exactitud los sueños con anterioridad. El faraón mandó a llamar a José, que todavía estaba en prisión, y él interpretó los sueños del faraón con la ayuda de Dios. Aunque los sueños eran diferentes, tenían el mismo significado. Los sueños predecían siete años de abundancia seguidos de siete años de escasez. José le dijo al faraón cómo debía prepararse para los eventos por venir, y el faraón puso a José a cargo de todo el país. José ideó una forma de almacenar la comida durante los años de abundancia, y cuando la escasez llegó, distribuía los alimentos por todo Egipto. Debido a que la hambruna afectó toda esa parte del mundo, la familia de José también tenía escasez de comida. Su padre envió a sus hermanos a comprar alimentos a Egipto, porque era el único país que lo tenía.

José reconoció a sus hermanos, pero ellos no lo reconocieron. Les dijo que pensaba que eran espías, y metió a uno de ellos en la cárcel hasta que los otros trajeran a su hermano menor para probar su historia. Envió comida a su casa con los nueve hermanos. Meses más tarde, cuando estuvieron de vuelta, les dijo quién era y les pidió que trajeran a su padre para que pudiesen vivir todos juntos en Egipto. Él les proveería alimentos y ellos quedarían a salvo de la hambruna.

¡Solo nuestro Dios viviente podía escribir un final como este! Dios utilizó circunstancias aparentemente de desesperación para cumplir su voluntad. Él cambió totalmente la vida de José, y hará lo mismo por ti. La Biblia nunca mencionó que José tuviera una mala actitud o que se enojara con Dios. Por el contrario, dice que trabajaba duro y era diligente sin importar lo que hiciera.

Sabemos que el corazón de José estaba en el lugar correcto cuando les dijo a sus hermanos:

No tengan miedo —les contestó José—. ¿Puedo acaso tomar el lugar de Dios? Es verdad que ustedes pensaron hacerme mal, pero Dios transformó

*ese mal en bien para lograr lo que hoy estamos viendo: salvar la vida de
mucha gente.*

—GÉNESIS 50:19-20

Su designio, nuestras circunstancias

Para que el plan que Dios tenía para José entrase en juego, llevó
un tiempo, pero, al final, José se dio cuenta de que su vida llena de
malas circunstancias obraba en dirección al gozo eterno. ¿Estás en
medio de alguna mala circunstancia? ¿Alguna vez has enfrentado
circunstancias problemáticas y más tarde descubriste que Dios las
había transformado para tu beneficio? Tal vez perdiste tu trabajo,
pero entonces te ofrecieron uno mejor. Quizás tenías un problema
de salud que provocó que cambiaras tu estilo de vida, y ahora eres
más feliz y saludable. A lo mejor perdiste a un ser amado, pero
ahora valoras mucho más el tiempo que pasas con tus familiares
y amigos. La lista de maneras en las que Dios puede cambiar lo
malo en bueno es interminable. Debemos tener fe.

Pablo escribió: *"Ahora bien, sabemos que Dios dispone **todas** las
cosas para el bien de quienes lo aman, los que han sido llamados de
acuerdo con su propósito"* (Romanos 8:28, énfasis añadido). Por favor, nota que el versículo dice *todas* las cosas, no algunas cosas.
Esta puede ser una enseñanza muy difícil para aplicar, especialmente cuando estamos en medio de esas malas circunstancias y
no podemos (o no logramos) ver ninguna posibilidad de que algo
bueno pueda surgir de ellas. Desafortunadamente, a veces nos
toma años ver el bien que Dios ha planeado. Lo que puede ser
todavía más desalentador, es cuando no vemos el bien resultante
durante nuestro tiempo de vida. Nuestra vida dura apenas un pestañeo comparada con la eternidad; el plan y el propósito de Dios
están entretejidos por todas las generaciones.

Algunas veces Dios permite que las malas circunstancias

lleguen a nuestro camino para que podamos confortar y consolar a alguien que afronta la misma circunstancia un tiempo después. Si no hemos atravesado por dificultades, no podemos relacionarnos verdaderamente con aquellos que estén en problemas. Al haber superado los tiempos difíciles, podemos dar testimonio de que Dios nos ha ayudado y que Él nunca nos abandona. Somos capaces de dar nuestra perspectiva cristiana a las personas, quienes pueden llegar a una relación de salvación con Dios, simplemente porque comprenden que nosotros entendemos sus circunstancias. No podemos controlar siempre a otras personas, nuestras circunstancias o siquiera a nosotros mismos. Al final, debemos confiar en Dios como lo hicieron Jesús y José, o fracasaremos por confiar en nuestros propios recursos.

Dios es nuestro Padre amoroso, y algunas veces Él preferirá fortalecernos en medio de nuestro dolor antes que librarnos de él. A menudo nuestras malas circunstancias son las herramientas que Dios usa para ayudarnos a crecer y a acercarnos a Él. Dios nos fortalece por medio de su Espíritu Santo, La Biblia y otros cristianos. Solamente Dios conoce nuestros límites y las cosas que podemos manejar. En 2 Corintios 4:8-9 se nos dice: *"Nos vemos atribulados en todo, pero no abatidos; perplejos, pero no desesperados; perseguidos, pero no abandonados; derribados, pero no destruidos".* Dios no nos promete que nuestra vida con Él será como una fuente repleta de cerezas, sino que ¡Él nos ayudará a atravesarla!

"El Señor está cerca de los quebrantados de corazón, y salva a los de espíritu abatido" (Salmo 34:18-19). Estas palabras pueden confortarnos cuando no podemos ver la mano de Dios en una situación.

En estos días hay muchos desastres naturales que suceden en todo el mundo. Hay trastornos económicos en los que la gente pierde sus empleos. Las familias tambalean afectadas por el divorcio, la adicción a sustancias, el abuso sexual y el aborto. Hay gastos superfluos de los gobiernos y aumentos en el gas, el aceite para calefacción y mucho más. El sufrimiento y la enfermedad matan miles. Incluso cuando todo parece sombrío, tenemos que confiar en Dios y creer sus promesas.

Un buen ejemplo de confianza en Dios en medio de circunstancias trágicas, es la historia de Job. Job lo tenía todo —propiedades, familia, posesiones y buena salud—, y de pronto se quedó sin nada. Sus hijos, sus posesiones y finalmente su salud le fueron completamente quitados. Su esposa le dijo que maldijera a Dios por todo lo que le había sucedido, pero él respondió con estas sabias palabras: *"Mujer, hablas como una necia. Si de Dios sabemos recibir lo bueno, ¿no sabremos también recibir lo malo?"* (Job 2:10). Job vio que Dios estaba en control de todo, aun cuando no entendía sus circunstancias.

A menudo evaluamos nuestra relación con Dios y a nosotros mismos basándonos en lo que nos rodea y en nuestras circunstancias. Es más fácil tener orgullo por lo que poseemos o por nuestros logros, antes que por lo que Dios ha hecho por nosotros. También es fácil culpar a Dios cuando las cosas se desbaratan. Los amigos de Job le dijeron que seguramente había cometido un pecado grave para que tantas cosas malas le sucedieran. Pero más tarde descubrieron que el pecado no era la razón; Job fue probado. ¡Los amigos de Job sí pecaron al juzgar sus circunstancias!

Nuestras circunstancias, por lo general, surgen por nuestras propias acciones. Debido a nuestros pecados, errores y malas decisiones, a menudo tenemos que lidiar con las consecuencias. Por ejemplo, si una persona decide tener sexo fuera del matrimonio o vivir una aventura, esa persona es susceptible a contraer una enfermedad de transmisión sexual. Utilizar drogas ilegales puede llevar a la adicción, al arresto o la muerte. Tomar alcohol y conducir puede causar un accidente o la pérdida de los privilegios de los buenos conductores. La mayor parte del tiempo hacemos elecciones que pueden causar buenas o malas consecuencias.

Pero algunas veces, como José, tenemos que sufrir las consecuencias del pecado de alguien más. Esto puede ser difícil de asimilar; pero si tenemos una relación con Dios, podemos dejarnos caer en Él durante los tiempos de oscuridad. Estuve enfadado con Dios por muchos años por permitir que yo fuera abusado cuando era niño. Cuando Él respondió mi oración y me abrazó esa noche en la que oré, supe que Él era poderoso y real. Pero eso casi empeoró las cosas para mí, porque no podía entender cómo un Dios que era tan real podría permitir que esas cosas malas sucedieran.

Construir un testimonio

Me tomó más de veinte años poder ver que Dios podía usar las circunstancias malas en mi vida para el beneficio de su Reino. Cuando conté la historia en la que Jesús me abrazó, vi cómo afectaba a las personas e incrementaba sus creencias en Dios. Lo mismo sucede cuando cuento cómo los ángeles vinieron a rescatarme. Cuando les decimos a otros cuán real es Dios para nosotros y cómo nos ayuda diariamente, la gente escucha y es alentada. La vida puede ser dura y todos necesitamos esperanza. Es gratificante cuando llegamos a ver exactamente cómo Dios usa las circunstancias para ayudarnos. Si le damos el crédito a Dios, esto edifica nuestra fe y ayuda a nuestro testimonio para otros.

Mientras asistía a la universidad, viví en una gran ciudad. El primer año me quedé en un complejo grande de departamentos de alquiler económico en el corazón de la ciudad. Había mucho crimen; casi todas las noches los helicópteros de la policía sobrevolaban el área y la iluminaban con brillantes luces. Muy a menudo, por la mañana, veía uno o dos vehículos que habían sido destrozados por vándalos. Disparos de armas y sirenas surcaban el aire sin ninguna advertencia. Un día volvía a casa del trabajo alrededor de la medianoche. Alguien había estacionado su auto en "mi" espacio, y tuve que estacionar del otro lado de la fila esa noche.

Siempre estacionaba mi camioneta en reversa para poder sacarla directamente cuando salía. Mi departamento estaba en la planta baja y yo tenía el de la esquina, en uno de los extremos del edificio. Cuando retrocedí para estacionar mi camioneta en el otro lugar, los faros delanteros del vehículo iluminaron a un hombre que estaba escondido entre los arbustos que había cerca de la puerta de mi departamento. Lo observé por un momento y detuve el motor de mi camioneta. Él nunca se movió. Yo tenía en mi camioneta un cuchillo grande de caza y decidí llevarlo conmigo en caso de que necesitara protegerme. Caminé despacio, y cuando ya estaba cerca de mi puerta, el hombre salió de entre los arbustos y se dirigió hacia mí. Le mostré el cuchillo en mi mano y le dije que no hiciera nada tonto. Pienso que estaba drogado, porque actuaba de manera extraña y no se asustó por el cuchillo. Afortunadamente, esto lo mantuvo alejado hasta que pude entrar a salvo a mi departamento.

Cuando entré en el estacionamiento esa noche, estaba enfadado porque alguien había usado mi espacio de siempre, pero si ese lugar hubiese estado disponible, no habría visto al hombre merodear en la oscuridad. Creo que Dios utilizó esta circunstancia irritante para protegerme de algo malo.

¿Recuerdas cuando te conté sobre la lista de oraciones *respondidas*? También te dije que llevo una lista de las oraciones *no respondidas*, y que en esta última lista había una oración egoísta. Comencé a cazar con arco ciervos de cola blanca cuando tenía 12 años de edad. Continué cazando con arco cada año, excepto durante el período de tiempo cuando, de recién casados, vivíamos en otro Estado. Logré cazar muchos venados y algunos ciervos, pero nunca un ciervo macho para trofeo. Oré para conseguir uno más veces de las que puedo contar, por más de dos décadas, pero rara vez vi uno. Después de todas las cosas milagrosas que Dios había hecho y las incontables oraciones que me había respondido, sabía sin lugar a dudas que Él podría haber enviado un ciervo de trofeo por mi camino. Pero no lo hizo... hasta el 22 de octubre de 2003, cuando envió dos.

Este día en particular yo estaba subido a un árbol en el terreno cerca de nuestra casa. Escuché al ciervo caminar por el bosque detrás de mí, y de pronto vi un hermoso macho de ocho puntos. Miré cómo comía bellotas por un momento, y le agradecí a Dios por esta oportunidad tan largamente esperada. Entonces un enorme macho de diez puntos se acercó y ahuyentó al de ocho puntos lejos de las bellotas. Ahora el de diez puntos estaba directamente debajo de mí, y el de ocho se encontraba a unos catorce metros, parado de costado hacia donde yo estaba. Era un tiro perfecto para el de ocho puntos, pero, en vez de eso, decidí intentar un tiro al de 10 puntos. Esa suave voz en mi cabeza me dijo: "No seas codicioso", pero no la escuché. Di un mal disparo al de diez puntos, y terminé sin nada.

Estaba devastado. Para mí, desear algo con tantas ansias por tanto tiempo y no ser capaz de conseguirlo, no importa cuánto lo intentara, era muy frustrante. Mi razonamiento era que Dios no respondía a mi oración en esto porque aún usaba drogas ilegales ocasionalmente. Hice un voto conmigo mismo: me despojaría de toda parafernalia y dejaría de drogarme de una vez y para siempre, aunque no era ni la primera ni la última vez que hacía esto. Nueve días más tarde, en Halloween de 2003, cazaba desde el mismo árbol. El mismo macho grande de ocho puntos vino por allí, y nuevamente me ofreció un buen tiro. Como había arrojado a la basura mi pipa de marihuana y no había fumado nada, sentí que había cumplido mi parte. Cuando estiré mi arco, se partió. Por mucho que odie admitirlo, yo también me quebré. Empecé a dar gritos y alaridos, tiré mi equipo al suelo. Estaba completamente enfurecido y fuera de mí. Bajé del árbol y volví a la casa. Necesitaba liberar algo de tensión, así que agarré un hacha del garaje y comencé a hachar como loco un tocón que había en nuestro jardín.

Estaba enojado con Dios. No podía creer que, después de

veinte años, Él no contestara esa tonta oración. Mientras hachaba el tocón, le gritaba a Él. Es la única vez en mi vida que recuerdo haberle gritado a Dios, y fue por algo tan trivial. Aquel tocón se transformó en un recordatorio vergonzoso de lo insensato que fui ese día. Un año más tarde, en el día exacto, me desperté en medio de la noche por un llamado telefónico. Mi padre me dijo que mi cuñada había muerto. Después de colgar, me arrodillé y pedí a Dios ayuda en esta situación. Miraba hacia la ventana de nuestro dormitorio, con mis manos dobladas sobre el alféizar. Cuando terminé de orar, vi el tocón a la luz de la luna. Dios me recordó lo inmaduro que había sido hacía un año por algo tan insignificante, y cuánto había crecido en mi fe desde aquel furioso berrinche. Solamente Dios conoce lo que hay en nuestro corazón. Él sabe qué cosas son verdaderamente importantes para nosotros y qué tendremos que hacer para lograrlas. Él utiliza los designios de nuestra personalidad y los deseos de nuestro corazón para hablarnos por medio de las circunstancias.

Piensa en alguna "cosa pequeña" que sea importante para ti, algo que realmente disfrutes. Puede ser un pasatiempo predilecto, una actividad o un programa de televisión. Tal vez es cierto momento del día, un ritual, alguna cosa que no es un asunto de vida o muerte, pero que igual es importante para ti. ¿Cómo ha usado Dios eso para hablarte? ¿Te ha dicho, como me dijo a mí, que pierdes demasiado tiempo en eso? O tal vez es un regalo especial de Dios para ti. Te insto a ser abierto a la voz de Dios y a escuchar lo que Él tiene para decir, aun sobre aquellas "pequeñas cosas" en tu vida.

Por el bien de otros

Algunas veces Dios utilizará las circunstancias de alguien más para afectar nuestras vidas. Conté anteriormente que uno de mis hermanos menores tuvo cáncer cuando era pequeño. Cuando se sanó, esto me comprobó que Dios respondía las oraciones. Aunque yo no era el que tenía cáncer, Dios usó esa circunstancia para ayudarme a crecer en mi relación con Él. Cuando era mucho más grande, Dios se valió de otra circunstancia en la vida de alguien más para hablarme.

Un día, cuando estaba por salir a cumplir un trabajo, el cliente llamó para cancelar la cita. Yo estaba un poco descontento porque aquel era el único trabajo que tenía planeado para ese día. Como mis planes habían cambiado, decidí llamar a uno de mis proveedores para averiguar precios y poder hacer algunos presupuestos para otros clientes. Había trabajado con esta persona en particular por un buen tiempo, y después de hablar un poco, podía darme cuenta que algo andaba mal. Cuando le pregunté si estaba bien, me dijo que su esposa estaba en el hospital; los doctores no sabían qué era lo que le sucedía, y podía morir. Le dije que la incluiría en nuestra cadena de oración en la iglesia. Después de colgar el teléfono, oré por la mujer inmediatamente. Mi esposa hizo el pedido de oración a la iglesia y también oramos por ella en el estudio bíblico.

Dos días más tarde volví a llamarlo para preguntarle cómo estaba su esposa. Hablé con uno de sus empleados, y me contó que la esposa había tenido una recuperación asombrosa; los médicos no podían explicarlo. El hombre no estaba en el trabajo porque debía llevar a su esposa del hospital a su casa. Comencé a alabar a Dios mientras estaba aún al teléfono, y le expliqué que esa recuperación tan repentina era una oración respondida. Le conté cómo habíamos orado por ella. El empleado estuvo en silencio por un tiempo antes expresar su acuerdo: "Debe de haber sido la respuesta a la oración". Dios usó la enfermedad y la recuperación de esta mujer para afectar a varias personas que conozco, y probablemente a muchas que no conozco también. Cuando fue sana, esto aumentó la fe de cada uno de los que oraron por ella. El empleado con el que hablé también fue afectado. En lugar de no tener una respuesta por esa recuperación, también le dio el crédito a Dios.

No tengo conocimiento de si la mujer o su esposo creyeron que Dios la sanó; pero puedo decirte que yo lo creo, y creo que Dios usó esta circunstancia para su gloria.

¡No existe algo llamado coincidencia! Efesios 1:11 dice: *"En Cristo también fuimos hechos herederos, pues fuimos predestinados según el plan de aquel que hace todas las cosas conforme al designio de su voluntad"*. La mayoría de las historias que te he contado incluyen una "gran coincidencia". Los creyentes sabemos que Dios está en control en todas las circunstancias; tenemos confianza en que Él disipa las preguntas de los incrédulos. No es coincidencia que:

1. Cuando Bob fue a la iglesia, el sermón del pastor se trataba de la mujer samaritana.

2. La lección del maestro de escuela dominical hablaba de que Jesús abrazaba a los niños pequeños.

3. Encontré la pelota de béisbol justo después de haber orado.

4. El cáncer de mi hermano fue sanado después de orar por él.

5. Conocí a mi futura esposa un día después de pedirle a Dios que me enviara una compañera.

6. Los versículos que Dios me dio para decirle a Joe, eran los mismos que estaban en el devocional de aquel día.

7. Fui promovido a gerente el día después de haber orado por un mejor salario.

8. Tuve un sueño que me mostró exactamente cómo resultaría ascendido en mi trabajo.

9. Mi reemplazo para el trabajo se presentó pocos días después de que oré.

10. El gerente de autos usados encontró la camioneta que yo necesitaba, no la que le había pedido.

11. El devocional que no había leído era sobre el hombre que volvía a casa del trabajo enojado.

12. Los primeros versículos que mi cliente leyó cuando abrió La Biblia hablaban de confiar en Dios.

13. Dios me habló sobre el Espíritu Santo justo antes de escuchar el sermón en la radio.

14. El hombre con el que hablé en la estación de servicio tocó cada tema con el que yo lidiaba.

15. Me detuve a leer el nombre en la cruz el mismo día que fui a ver a la madre.

16. Mi amigo Tim me llamaba cada vez que yo estaba a punto de fumar marihuana.

17. Pensé que podría reventar un neumático justo antes de que sucediera.

18. Pensé en los venados justo antes de que aparecieran frente a nuestro auto.

19. Mi lugar de estacionamiento estaba ocupado y vi al hombre escondido.

20. La mujer fue milagrosamente sana después de que oramos por ella.

Por su designio

Soy tan escéptico como cualquiera, pero he experimentado la presencia de Dios de primera mano. Cuando miro esas veinte historias juntas, se disipa cualquier duda que pueda tener. Dios le habla a la gente común todos los días, no por medio de coincidencias, sino por sus designios.

Otro gran ejemplo de cómo Dios habla por medio de los designios, sucedió mientras estaba en la escuela preparatoria e iba a cazar ciervos fuera del pueblo. Me quedé en casa de un amigo para la temporada de caza, que duraba poco más de una semana. Nos levantábamos muy temprano cada día y permanecíamos despiertos hasta muy tarde, y festejábamos todas las noches. Una noche, antes del día de caza, volví conduciendo a casa para estar con mi novia unas horas. Cuando salí de allí, ya era pasada la medianoche, y todavía tenía alrededor de una hora de camino al lugar de caza. Se me hacía difícil mantener mis ojos abiertos porque estaba muy cansado, y finalmente me quedé dormido mientras conducía.

La ruta en la que me encontraba es perfectamente recta por varios kilómetros. No estoy seguro por cuánto tiempo estuve dormido cuando, de repente, me desperté sobresaltado por un ruido ensordecedor. El tubo de escape se había desprendido del cabezal a un lado del motor —era una barra vieja y caliente— y el cabezal abierto era sumamente ruidoso. Delante del coche había una manada de venados que cubría completamente el camino y la banquina. Debido a que los venados estaban tan cerca, de inmediato me desvié bruscamente fuera del camino a un campo abierto para esquivarlos. Terminé manejando entre algunos venados, pero ¡no golpeé a ninguno! Si mi tubo de escape no se hubiera desprendido "por coincidencia" en ese momento exacto, habría conducido directo hacia la manada de venados, matando a muchos de ellos y probablemente también a mí. Si esta historia suena exagerada para ti, lo comprendo, porque para mí suena así, y yo la viví. Todo lo que puedo decirte es que ¡el Dios que servimos es increíble!

Otra vez en que Dios preparó una circunstancia fue cuando era el jefe de mecánicos en un garaje de camiones. Había un problema de capacidad de carrera en un camión que no podía descifrar. Ya no tenía ideas, y mi jefe empezaba a ponerse nervioso. Mientras trabajaba en el motor, oré para que Dios me ayudara. Minutos más tarde, se me cayó una pequeña parte dentro del motor que no podía sacar sin desensamblar el motor. Le dije a mi jefe lo que había sucedido y que no pretendía que me pagara por solucionar mi error. Cuando desarmé el motor para sacar la pieza que se me había caído, descubrí cuál era el problema de capacidad de carrera. Dios respondió mi oración con un error que ayudó a resolver el problema.

Esa no fue la única vez que Dios ha usado una equivocación para solucionar un problema. ¡También vienen a mi mente algunos errores que *otras* personas han cometido que revelaron algunos de *mis* problemas! Cuando tenía alrededor de 8 años de edad, fui a un lugar con mi padre y vimos algunas motocicletas antiguas. Eran Harley Davidson antiguas de tanque desplazado, y al instante me quedé fascinado. Desde ese día en adelante, deseaba tener una, y cuando me gradué de la escuela preparatoria compré una modelo 1937. Más tarde compré una Harley 1946 y una Harley 1948, las restauré y terminé vendiéndolas, pero guardé la 1937. Estas motocicletas antiguas pasaron de ser una de mis pasiones a una obsesión. Gastaba todo mi dinero y tiempo extra en ellas. Incluso viajaba a otros Estados para intentar conseguir repuestos. Compraba o negociaba para obtener las partes que necesitaba, aun si sabía que eran robadas. Incluso yo mismo robé algunas piezas, y me justificaba al decirme que estaba bien porque el vendedor me había cobrado de más por otros repuestos.

Pasé varios años intentando recolectar las piezas que necesitaba para hacer que mi Harley 1937 fuera cien por ciento original. Solo había alrededor de mil quinientas de esas motocicletas producidas originalmente, y era muy difícil encontrar las partes que me faltaban. Tuve la motocicleta desarmada por muchos años antes de lograr estar próximo a poder reensamblarla. Cuando finalmente conseguí la mayor parte de las piezas, las envié para que fueran procesadas, recromadas, etc. Dos piezas muy importantes se arruinaron en el negocio de cromado. Por "coincidencia", una de esas piezas la había robado, y la otra la había cambiado por otras partes robadas. Envié todo el equipo y las partes pequeñas que necesitaban un baño de plata a un lugar diferente que realizaba ese tipo de trabajo. Cuando las piezas fueron enviadas de vuelta, la caja estaba dañada y faltaban varias partes pequeñas. Por "coincidencia" esas partes pequeñas perdidas también habían tenido un origen cuestionable.

Finalmente, cuando rearmaba la motocicleta, terminé rompiendo por "coincidencia" la última pieza que tenía conocimiento que fue robada para mi moto. Para el momento en el que terminé el reensamblado, Dios había depurado mi moto de cada una de las partes obtenidas ilegalmente. Reemplazar aquellas partes me tomó un par de años adicionales, pero cuando lo logré, eran todas cien por ciento legítimas. Dios usó estas "coincidencias" para enseñarme tres lecciones muy valiosas:

1. ¡Dios conoce todo!
2. ¡Los tesoros obtenidos ilegalmente están malditos!
3. ¡Solo porque el tiempo haya pasado no significa que pueda escaparme con algo!

A medida que escribo este libro, pienso cuán tontamente he vivido mi vida. Mi esperanza es que, al exponer mi insensatez y revelar cómo Dios me ha corregido y guiado, tú te sientas inspirado a ver la mano de Dios también en tu vida.

Designios para servir a Dios

El siguiente ejemplo del designio perfecto de Dios en realidad le sucedió a mi esposa. Estábamos casados, pero todavía no teníamos hijos, y ella trabajaba en un empleo que no le gustaba. Un domingo en la iglesia, nuestro pastor mencionó que el servicio de guardería y preescolares de la iglesia buscaría otro empleado. Al día siguiente, mientras mi esposa estaba en el trabajo, la directora de la guardería —por designio— estaba en el pueblo y estacionó en frente del lugar de trabajo de mi esposa. Mi esposa la vio a través de la ventana, salió para hablar con ella, y terminó obteniendo el empleo. Después de mudarnos a nuestro pueblo natal, el servicio de preescolares de nuestra iglesia necesitaba una maestra de medio tiempo; mi esposa aceptó el puesto, y aún lo ocupa. También es la corresponsable del grupo que supervisa a los preescolares. También es digno de mencionar que su carrera con los preescolares ha sido un gran entrenamiento para la maternidad con nuestros cuatro hijos. Como puedes ver, Dios habla por medio de los designios y circunstancias.

Cuando Lori y yo nos casamos y nos mudamos a la parte sur del Estado, no conocíamos a nadie. Uno de mis amigos de nuestro anterior lugar me contó que otra pareja oriunda de nuestra área también se había mudado allí unos años antes, y que nos presentaría. Aunque esta pareja vivía como a una hora de distancia, comenzamos a visitarnos regularmente, alternando cada vez entre una casa y la otra. Un viernes por la noche en particular, queríamos reunirnos, pero ninguno quería hacer el viaje. Alguien sugirió que nos encontráramos en un pequeño pueblo ubicado aproximadamente a mitad de camino entre nosotros. Había un bar allí, que servía comida y tenía algunas mesas de billar. Después de comer jugamos al billar y tomamos algunos tragos. Era mi turno de pagar los tragos: mientras me dirigía al bar, vi a Joe, el hombre con el que trabajaba. Esto sucedió durante el tiempo en el que él estaba separado de su esposa y vivía en el granero. Anteriormente me había contado que había dejado la bebida hacía años y que no había bebido siquiera un trago en mucho tiempo. Lo observé cuando se sentó y pidió uno. Cuando llegué a su lado, vi que había llorado. Le dije al camarero que él realmente no quería ese trago y que pediría una gaseosa en su lugar. Cuando Joe me escuchó hablar, se volvió hacia mí con una mirada impresionada en su rostro y rompió en sollozos. Me preguntó por qué estaba allí, porque sabía que yo no vivía en esa área.

Antes de que pudiera responderle, dijo:

—Dios te puso aquí para ayudarme, para que no empiece a tomar otra vez.

Me contó que tenía una noche horrible y que había decidido que podría también comenzar a beber de nuevo, ya que sentía que nada importaba. Como Dios ya había diseñado la "coincidencia" con los versículos, Joe pudo mirar esta situación y ver la mano de Dios que trabajaba para ayudarlo. ¡Alabado sea Dios por su misericordia y amor! Espero que tú estés en un punto donde puedas ver que algunas "coincidencias" son en realidad la mano de Dios que nos busca en nuestra vida diaria. Dios nos habla en el día a día de nuestras vidas, pero tenemos que estar dispuestos a darle a Él el crédito y creer que es realmente su designio y no solo una "coincidencia".

En otro momento, un hombre para quien trabajo había estado en una relación por mucho tiempo, la cual, a pesar de sus deseos, había terminado. Estuvo solo por un período, y luego corrió a los brazos de una mujer que había conocido hacía mucho tiempo.

Ella también acababa de concluir una extensa relación. Empezaron a verse y a salir, y enseguida él tuvo fuertes sentimientos hacia ella. Pero ella rompió la relación en un corto tiempo y volvió con su novio anterior. Mi amigo estaba herido nuevamente, y decidió pasar un tiempo de oración en su iglesia. Oró para que esta mujer viera a su novio como la persona que era en realidad. Al día siguiente, el teléfono de ella sonó. La llamada venía del número telefónico de su novio, pero cuando ella dijo "Hola", no hubo respuesta. Extrañamente, pudo escuchar una conversación de fondo, y se dio cuenta de que era su novio, que hablaba con otra mujer. Las cosas que escuchó la hicieron decidir que él no era la persona con la que debía estar. Dios respondió la oración de mi amigo por medio de su designio y de la circunstancia de la mujer.

He reído en silencio más de una vez cuando pienso en lo que pasó ese día. Me pregunto si el hombre tocó accidentalmente el botón de discado rápido o si un ángel lo hizo. Imagino que no importa la forma; la llamada se hizo, y ella escuchó lo que precisaba oír. Mi amigo se casó con ella y hoy viven felices juntos.

Escribir el libro

La última "coincidencia" que quiero contarte me ocurrió justo antes de comenzar a escribir este libro. Varias personas me habían dicho que relatara estas historias, y las últimas me dijeron que las historias deberían estar en forma de libro. En realidad yo luchaba con toda esta idea por algunas razones. Primero, soy un mecánico, no un autor. Segundo, por todos los errores que había cometido y la forma de vivir que tuve, no me creía digno de decirle a nadie sobre Dios. Sentía que Dios quería que lo escribiera, pero también pensaba que había escogido a la persona equivocada.

Una mañana, durante mi ritual diario de leer mi devocional, leer La Biblia y orar, los versículos de La Escritura impresos en el devocional saltaron de la página y ardieron en mi corazón. Esto sucedió solo unos días después de que la última persona me dijera que sentía que yo debía escribir un libro. Sabía que Dios me hablaba por medio de esos versículos. "...Yo te escogí; no te rechacé. Así que no temas, porque yo estoy contigo; no te angusties, porque yo soy tu Dios. Te fortaleceré y te ayudaré; te sostendré con mi diestra victoriosa" (Isaías 41:9d-10). Terminé de leer el devocional, las lecturas sugeridas de La Biblia y concluí con una oración.

Mi corazón estaba preocupado, así que decidí leer La Biblia para tener un poco más de consuelo. Algunas veces dejo que La Biblia se abra al azar y comienzo a leer. Cuando lo hice ese día, se abrió en Isaías capítulo 41. Mi Biblia tiene más de dos mil quinientas páginas, y por "coincidencia" se abrió en la página exacta donde se encontraban los versículos del devocional. Leí lo que decía en ambas páginas, y me detuve a orar otra vez. Le dije a Dios que no me sentía digno y que no podía comprender por qué Él querría que yo fuera su mensajero. Cerré La Biblia y me dispuse a ponerla en el estante donde la guardo. Cuando la levanté para ubicarla en el estante, un trozo de papel doblado se cayó. Era la lista de pasajes que había escrito cuando tenía 14 años de edad y mi hermano padecía de cáncer. Siempre había guardado ese trozo de papel doblado en mi Biblia.

El papel aterrizó en mi escritorio, justo frente a mí. Cuando lo miré, noté que había una estrella en uno de los versículos. Detrás de la estrella se encontraban los versículos que estaban impresos en el devocional de aquel día, ¡exactamente los mismos versículos en los que se había abierto mi Biblia! Soy de cabeza dura, pero hasta yo podía ver que Dios realmente deseaba que escuchara lo que me decía. Leí los versículos por tercera vez: "...Yo te escogí; no te rechacé. Así que no temas, porque yo estoy contigo; no te angusties, porque yo soy tu Dios. Te fortaleceré y te ayudaré; te sostendré con mi diestra victoriosa". Comencé a escribir este libro ese mismo día.

Dios nos habla. Él nos habla por medio de la naturaleza y de su creación. Nos habla a través de sus designios, nuestras circunstancias y lo que algunos llaman destino. También nos habla por medio de lo que muchos llaman "coincidencia".

Tu turno

Escribe sobre las cosas de la creación de Dios que Él ha usado para hablarte. Escribe sobre las circunstancias en tu vida que Dios ha utilizado para hablarte a ti o a otros, que estaban completamente fuera de tu control. Tal vez las habías considerado destino, pero ahora puedes ver que Dios las usó para su propósito. Escribe sobre las veces en tu vida en que obtuviste justo lo que necesitabas, aunque no lo pediste. Puedes haber dicho que era suerte o "coincidencia". Puede haber sido algo bueno, o puede haber sido disciplinario pero, sea como fuere, lo necesitabas.

_____

_____

_____

_____

_____

_____

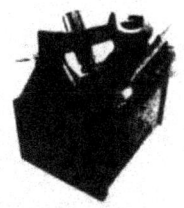

CAPÍTULO 7

Dios habla por medio de sueños y visiones

El capítulo 5 se centraba en el Espíritu Santo. Jesús prometió enviar el Espíritu Santo después de dejar el mundo físicamente, y lo hizo en Pentecostés. El capítulo 2 de Hechos registra los eventos que sucedieron ese día. Después de que el Espíritu Santo cayó sobre los creyentes y comenzaron a hablar en otras lenguas e idiomas, Pedro se dirigió a la multitud. Citó el libro de Joel, del Antiguo Testamento (ver Joel 2:28-29), en el que Joel profetizó:

> *Sucederá que en los últimos días –dice Dios–, derramaré mi Espíritu sobre todo el género humano. Los hijos y las hijas de ustedes profetizarán, tendrán visiones los jóvenes y sueños los ancianos. En esos días derramaré mi Espíritu aun sobre mis siervos y mis siervas, y profetizarán.*
>
> —HECHOS 2:17-18

Pedro dijo que esta cita de Joel era cumplida en ese preciso momento, en ese día de Pentecostés. En el pasado, el Espíritu de Dios había estado disponible solamente para unos pocos elegidos: profetas, reyes, jueces y algunos líderes religiosos. Ahora el Espíritu de Dios había sido dispuesto para todos los creyentes. No solo para los "hijos e hijas", sino para los "siervos" también. Verían "visiones" y soñarían "sueños", entre otras cosas. Dios nos dio La Biblia para guiarnos y ayudarnos a llegar a conocerlo. También nos dijo que Él no cambia (ver Malaquías 3:6). Existen al menos doscientas referencias a sueños y visiones en La Biblia. Muchos acontecimientos en La Biblia han sido el cumplimiento de esos sueños y visiones. Jesucristo había sido profetizado a su padre terrenal por medio de un sueño en Mateo 1:20-21. Pensar que Dios ya no utiliza sueños y visiones como una manera de hablar o comunicarse con nosotros, no es lógico. También sería como llamar a Dios mentiroso, porque Él no cambia. En el libro de Números, capítulo 12, Dios habló de este mismo tema.

El Señor les dijo: "Escuchen lo que voy a decirles: 'Cuando un profeta del Señor se levanta entre ustedes, yo le hablo en visiones y me revelo a él en sueños. Pero esto no ocurre así con mi siervo Moisés, porque en toda mi casa él es mi hombre de confianza. Con él hablo cara a cara, claramente y sin enigmas. El contempla la imagen del Señor. ¿Cómo se atreven a murmurar contra mi siervo Moisés?'".

—VV. 6-8

Tenemos que recordar que esta cita se encuentra en el comienzo de La Biblia, mucho antes de que Jesús viniera, y mucho antes de Pentecostés. En ese tiempo, las únicas personas a las que Dios les hablaba por medio de sueños y visiones eran los profetas. Eso cambió después de Pentecostés, cuando Dios envió el Espíritu Santo a *todos* los creyentes.

Dios nos habló mucho sobre sueños y visiones en este corto pasaje de Números 12. Si miramos los textos originales en los idiomas hebreo y griego —utilizados para escribir La Biblia—, encontraremos que aunque hay al menos nueve palabras que se usan para decir *sueño*, nosotros utilizamos únicamente el término *sueño* para cubrirlas a todas. También encontramos que hay alrededor de dieciséis palabras para describir una *visión*, pero nosotros usamos simplemente el término *visión* para describirlas. Esto nos dice que existen muchas clases diferentes de sueños y visiones. Al utilizar una concordancia bíblica, vemos que hay cierto modelo establecido en cuanto a cómo son usadas estas palabras y en qué consisten sus diferentes variaciones. Las propias palabras de Dios, en el capítulo 12 de Números, parecen establecer y seguir este patrón. Primero, Dios dijo que Él se revela a sí mismo en visiones. Si observamos las dieciséis palabras referidas a *visión* y *visiones* en la Concordancia Strong, serán traducidas en forma colectiva como: "Hacer visible, exponer o mostrar claramente alguna información por medio de una vista sobrenatural".

Una visión es una revelación que se enfoca en lo visual. Por eso encontramos que Dios usa una visión para revelarnos o mostrarnos algo claramente o de manera obvia por medio de algo que vemos. Algunas veces una visión puede ser una imagen simbólica, pero más a menudo tiende a ser una imagen literal. Muchas visiones en La Biblia ocurrieron mientras la persona estaba despierta, pero algunas sucedieron mientras la persona dormía.

Dios también dijo que Él habla en sueños. El Diccionario de la Real Academia Española define *sueño* como: "Acto de representarse en la fantasía de alguien, mientras duerme, sucesos o imágenes". Si miramos las nueve palabras en la Concordancia Strong, serán traducidas en forma colectiva como: "Una revelación sobrenatural proveniente de Dios, manifestada por medio de palabras o imágenes". Por eso encontramos que Dios nos habla a través de sueños, pero que el mensaje, por lo general, será cambiado a otra forma, a un discurso simbólico o imaginario. El foco primario de un sueño espiritual es la comunicación de Dios con nosotros, generalmente por medio de imágenes simbólicas, pero a veces por medio de palabras. Un sueño en La Biblia siempre ocurre mientras la persona duerme. A través de mi propia experiencia, y las que otros me han contado, he descubierto que es mucho más común tener sueños simbólicos que visiones literales.

Simbolismo

¿Por qué Dios nos habla la mayor parte del tiempo en parábolas y acertijos? ¿Por qué, por lo general, Él nos da sueños que son simbólicos y no visiones que sean más literales? En el capítulo 12 de Números se nos dice que Dios le habló claramente a Moisés porque era el hombre más humilde y porque era el más fiel de todo el pueblo de Dios. La palabra *humilde* implica "respeto sumiso". *Fiel* significa "leal y digno de confianza". Cuando observo mi vida, sé que ha habido más veces en las que no fui ni sumiso, ni respetuoso, ni leal a Dios o digno de su confianza. De acuerdo a La Palabra de Dios, esto explica por qué yo (y muchos otros) he tenido más sueños que visiones y he tenido muy pocos "encuentros cercanos" con el Señor como tuvo Moisés.

Cuando leemos el Nuevo Testamento, vemos que Jesús usó muchas parábolas cuando le hablaba a la gente. Una parábola compara algo que es familiar para quien lo escucha, con algo que no es familiar para el oyente. Es simbólica. Ayuda a una persona a entender una verdad espiritual al compararla con cosas y sucesos de todos los días. Este es el mismo principio que Dios usa cuando nos da un sueño espiritual o una visión simbólica. Las parábolas de Jesús persuadían a aquellos que buscaban la verdad espiritual a descubrir y comprender el significado de sus parábolas. Para otras personas, que no eran receptivas a la verdad espiritual, o demasiado obstinadas o haraganas, estas parábolas eran historias sin sentido. Este mismo principio se aplica hoy. Somos persuadidos a descubrir el significado cuando buscamos la verdad espiritual.

Jesús nos da más detalles de esta verdad:

Los discípulos se acercaron y le preguntaron:
–¿Por qué le hablas a la gente en parábolas?
–A ustedes se les ha concedido conocer los secretos del reino de los cielos;
pero a ellos no. Al que tiene, se le dará más, y tendrá en abundancia. Al
que no tiene, hasta lo poco que tiene se le quitará. Por eso les hablo a
ellos en parábolas: "Aunque miran, no ven; aunque oyen, no escuchan
ni entienden".

—MATEO 13:10-13

Jesús quería decir que todos tenemos la responsabilidad de hacer nuestras propias elecciones con respecto a Él, al basarnos en lo que nos han dicho o en cuánto conocemos sobre Él. A aquellas personas que toman lo que conocen sobre Cristo, le creen y lo buscan a Él, les será dado aún más entendimiento y una vida eternal en el cielo. Las personas que rechazan a Jesús después de oír sobre Él, también heredarán la eternidad, pero será en el infierno, con el diablo.

Comprender sueños y visiones

Cuando nos volvemos verdaderos creyentes en Cristo, tenemos al Espíritu Santo dentro de nosotros, y el Espíritu Santo nos dará entendimiento. ¡Esto es verdad también para nuestros sueños y visiones! Veamos cómo se aplica esto hoy. Casi todos tenemos sueños. Algunas personas tienen la habilidad de recordar muchos de sus sueños, mientras que otras personas no han entrenado sus mentes para funcionar de esa forma. ¿De dónde vienen nuestros sueños? ¿Qué significan? Si creemos en lo que nos dice la gente en el campo de la psicología, entonces Dios no pone ninguno de nuestros sueños. Pero sabemos que La Biblia dice lo contrario.

Una vez más, nos referiremos a la caricatura del ángel y el demonio. La ilustración también funciona para nuestra vida en sueños. ¿Puedes comenzar a ver un patrón? Nuestros sueños provienen de Dios, del diablo o de nosotros mismos. La parte complicada puede ser discernir de cuál de ellos proviene un sueño. Por ejemplo, el hecho de que tengamos un "mal" sueño no quiere decir que no venga de Dios. Leemos en Job 7:13-14: *"Cuando pienso que en mi lecho hallaré consuelo o encontraré alivio a mi queja, aun allí me infundes miedo en mis sueños; ¡me aterras con visiones!"* Job decía que Dios puede darnos un "mal" sueño, y a veces lo hace. Más adelante leemos:

> *Dios nos habla una y otra vez, aunque no lo percibamos. Algunas veces en sueños, otras veces en visiones nocturnas, cuando caemos en un sopor profundo, o cuando dormitamos en el lecho, él nos habla al oído y nos aterra con sus advertencias, para apartarnos de hacer lo malo y alejarnos de la soberbia; para librarnos de caer en el sepulcro y de cruzar el umbral de la muerte.*
>
> —JOB 33:14-18

Así que otra vez encontramos que Dios algunas veces nos da malos sueños. Estos versículos nos dicen que Él usa estos malos sueños como advertencias. Existen cuatro razones por las que Dios nos da estas advertencias:

1. Para apartar a una persona de hacer lo malo (pecado).
2. Para alejarla de la soberbia.
3. Para librar su alma de caer en el sepulcro (infierno).
4. Para preservar su vida de cruzar el umbral de la muerte.

Estas razones no necesitan explicación. Personalmente, pienso en varios sueños que he tenido que eran espeluznantes, pero no hay ninguna duda en mi mente de que eran sueños de advertencia por parte de Dios. También he tenido otros sueños que no eran atemorizantes, pero que igualmente eran sueños de advertencia.

Alaba a Dios porque Él nos ama y nos cuida lo suficiente como para hablarnos y advertirnos en nuestros sueños. Incluso la vida de Jesús fue preservada por medio de un sueño de advertencia. Leemos en el capítulo 2 de Mateo que, después de que los sabios dejaron al niño Jesús, Dios le dio a su padre terrenal, José, un sueño de advertencia. Le dijo que llevara a la familia a Egipto porque el rey Herodes intentaría matar al bebé. José escuchó el sueño y evitó el peligro.

En mi vida he aprendido algunas lecciones serias por medio de los sueños de advertencia. ¿Recuerdas la historia en la que me estrellé con mi motocicleta y me dañé seriamente un hombro? Te conté que finalmente había ganado un trofeo de la categoría "Overall A" en la última carrera del año anterior, y que la siguiente vez que monté mi motocicleta salí herido. Lo que no te dije es que, antes de aquella carrera que gané, le había dicho a diferentes personas que si alguna vez ganaba un trofeo de la categoría "Overall A", abandonaría las carreras. Había ganado varios campeonatos estatales en mi categoría, pero de alguna manera el triunfo en "Overall A" me había eludido. Corríamos casi todos los fines de semana en seis regiones del Estado, por lo que gastaba prácticamente cada centavo extra que teníamos y faltaba mucho a la iglesia. Sabía que Dios no deseaba que yo perdiera todo ese tiempo y esfuerzo en algo que era solo por placer y orgullo.

La Biblia nos dice que Dios toma los votos muy seriamente (ver Números 30:2). La palabra hablada es muy poderosa, aun si es dicha a la ligera. Cuando gané aquel trofeo de "Overall A" pero no abandoné las carreras, Dios lo tomó en serio. Después de esa carrera, pero antes de que corriera otra vez, comencé a tener pesadillas sobre las carreras. En mis sueños corría y luego caía en un agujero sin fin, o cosas así. La siguiente vez que monté la motocicleta después del trofeo, fue cuando salí herido. Dios me lo había advertido, pero yo me rehusé a escuchar. ¿Alguna vez te ha pasado esto?

A partir de mis experiencias, de las historias que otras personas me han contado y de la investigación que he hecho, he llegado a la conclusión de que podemos usar cierto criterio que nos ayude a determinar el origen de nuestros sueños. Primero, si eres cristiano y tienes un sueño o visión de parte de Dios, el Espíritu Santo te ayudará a saberlo. Ese sueño o visión parecerá más real para ti que la vida misma. Quedará pegado en tu memoria y a menudo encontrarás difícil olvidarlo, aunque quieras hacerlo.

Mi primera visión sucedió hace más de treinta años, y todavía puedo cerrar mis ojos y ver parte de ella. También he descubierto que casi todos los sueños y visiones que tuve provenientes de Dios tenían algo de color. Esta es una gran pista para mí (aunque otras personas que conozco y yo hemos tenido sueños que sentimos que venían de Dios y no tenían ningún color que podamos recordar). Dios habla con cada uno de nosotros de diferente manera, pero tenemos que recordar que Dios es coherente. A menudo comenzarás a ver patrones que Él usa en tus sueños individuales.

Segundo, si Dios te da un sueño espiritual y no te da una interpretación del sueño cuando ocurra, o enseguida de que suceda, esto te preocupará. Querrás saber lo que el sueño significa. José, en los capítulos 40 y 41 de Génesis, interpretó sueños para los oficiales que estaban preocupados por lo que habían soñado. Cada uno de ellos había despertado, recordado su sueño y quería saber lo que significaba. Más tarde, cuando el faraón tuvo dos sueños espirituales, también quiso conocer su significado. Esta es también una buena señal de que el sueño viene de Dios: recordarás el sueño claramente y querrás conocer qué quiere decir.

El diablo es muy tramposo, y a veces puede ser difícil distinguir los sueños que nos envía. Una vez más, tenemos que confiar en el Espíritu Santo para discernir. Todos los sueños que he tenido provenientes del diablo han comenzado o terminado en blanco y negro. Si había algo de color, este, como mucho era borroso y vago. Cuando los sueños del diablo terminan, te dejan con una sensación de desesperación, de abandono, y te hacen sentir indigno de amor. No tratan solamente de asustarte para que cambies. Intentan asustarte para que pienses que es demasiado tarde para obtener ayuda, o demasiado tarde para cambiar, o que no puedes recibir ayuda porque no eres digno. He tenido muchos sueños del diablo en los que sueño que soy tentado. A veces la tentación es sobre la adicción a las drogas o es sobre mujeres (¡el diablo conoce nuestras áreas débiles!). Sea cual fuere la tentación, es siempre algo que yo sé que está mal.

En un sueño en particular, estaba recostado en mi cama y la esposa de un amigo caminó por mi costado llevando solo una bata desatada. Siempre había pensado que esta mujer era muy atractiva, y en mi sueño ella me extendía su mano. Le dije que no era correcto que estemos juntos porque ella estaba casada y que su marido era uno de mis amigos. Ella nunca habló, pero seguía ofreciéndome su mano. Comencé a mirar su cuerpo, y entonces la busqué y tomé su mano; se sintió fría como el hielo. Miré su semblante y este se tornó en un rostro demoníaco. Se reía histéricamente, y entonces desperté. La peor parte fue que, después de haber despertado, todavía pude oír por un rato esa risa demoníaca. Este, obviamente, fue un sueño del diablo.

Esto nos lleva a la última posibilidad de los orígenes de nuestros sueños: nosotros mismos. Estoy seguro de que muchos de ustedes pueden pensar en alguna oportunidad en la que tuvieron un sueño donde alguna parte de su cuerpo no funcionaba bien o dolía, y entonces despertaron para descubrir que estaban dormidos con esa parte de su cuerpo en una posición dolorosa. O tal vez tuviste algún tipo de herida que fue la causa de tu sueño. A lo mejor soñaste que tenías que ir al baño y entonces despertaste porque ¡realmente necesitabas ir al baño! Estos son todos ejemplos de sueños que vienen de nuestro interior. Si tenemos alguna emoción o deseo profundo con el que lidiamos, esto puede causar que tengamos sueños. Por ejemplo, he tenido muchos sueños en los cuales intento disparar a un ciervo macho de trofeo, o encontrar una motocicleta antigua escondida en un granero. Esto es porque esos son grandes anhelos que tengo guardados en mi corazón. Tal vez tenemos un fuerte temor a algo. Esto puede provocar que tengamos todo tipo de sueños pertinentes a este temor. Esta clase de sueño generalmente es fácil de olvidar, y su origen es obviamente nuestro interior. Sabemos por qué los tenemos, y es muy típico que comprendamos de qué se trataban.

Llevar un registro

Como ya sabes, llevo en mi billetera una lista de todas las cosas importantes que Dios ha hecho en mi vida, y una lista de mis oraciones respondidas y no respondidas. También mantengo un registro de mis sueños y visiones en ese documento original. Cuando comencé a escribir este libro, tomé las listas de mi billetera y las dividí en categorías. Cada capítulo en este libro representa una categoría, las maneras en que Dios me habla. Cuando empecé a escribir este capítulo, separé mis sueños de mis visiones, e hice una lista para cada uno. Las visiones fueron fáciles de encontrar, porque una visión es cuando Dios nos muestra algo claramente por medio de una vista sobrenatural, a diferencia de los sueños espirituales que tienden a ser imágenes simbólicas.

Tal vez, la forma más común de una visión es algo que la mayoría de la gente ha experimentado y para la cual no tienen explicación: *déjà vu* o paramnesia. El diccionario lo define como: "La ilusión de haber experimentado algo que en realidad se está experimentando por primera vez". En raras oportunidades estoy en desacuerdo con el diccionario, pero en este caso, así es. Si alguna vez has tenido una experiencia *déjà vu*, estarás de acuerdo conmigo en que no es una ilusión, en realidad has soñado o experimentado algo previamente. Por lo general es algo pequeño e insignificante que a menudo no recuerdas hasta que ocurre. Las visiones que voy a relatarte no son experiencias *déjà vu*; son visiones completas. Pero pienso que Dios permite que sucedan para que nos demos cuenta que nuestros sueños tienen la capacidad de mostrarnos el futuro por medio del poder del Espíritu Santo. Ya he contado sobre la visión que Dios me dio con respecto a mi revisión laboral anual la noche anterior a que sucediera. Me había hecho a la idea de presentar un aviso quince días antes de renunciar si no obtenía lo que quería. Dios me mostró exactamente cómo iba a resultar mi pretención por medio de una visión. Fue clara, fue exacta y fue literal. Después de que desperté, el Espíritu Santo me dijo que no fuese necio sino paciente. Si Dios no me hubiese dado esa visión, y si no me hubiese dicho que sea paciente, definitivamente habría presentado mi aviso de renuncia ese mismo día, y estoy seguro de que las cosas no habrían resultado tan bien para mí como resultaron.

Esa visión ocurrió mientras dormía. Pero a veces las visiones suceden mientras estamos despiertos. Aquí hay un ejemplo que pasó hace algunos años.

Una noche había regresado del trabajo tarde. De camino a casa, me había detenido en algún lugar y no solo había fumado marihuana, sino que había inhalado cocaína. Me sentía horrible porque me pesaba la culpa de lo que había hecho. Me fui a la cama, y allí me puse a orar y pedir perdón. Mi cuerpo se sentía asqueroso; quería quedarme dormido, pero no podía. Oraba a Dios, le pedía que me ayudara y le decía que lo sentía mucho. Mientras oraba, vi una visión de unas colinas redondeadas con una corriente de aguas tranquilas que pasaba entre ellas. Era una escena muy pacífica. La hierba parecía suave y fresca; el sol brillaba.

Mientras miraba esa escena, escuché una tierna voz que hablaba y citaba el Salmo 23: *"El Señor es mi pastor, nada me falta; en verdes pastos me hace descansar. Junto a tranquilas aguas me conduce; me infunde nuevas fuerzas...".*

Sé que la visión venía de Dios, y no de las drogas o de Satanás, porque la voz —el Espíritu Santo— dijo todo el salmo completo y luego me preguntó por qué yo seguía escogiendo sentirme mal en lugar de elegir la paz que Dios provee. Cada vez que recuerdo esta visión, lloro. ¡Dios es tan misericordioso! Él nunca se da por vencido con nosotros. Estoy convencido de que esa es la razón por la que me escogió a mí para escribir este libro, para mostrar que ninguno es demasiado malo u obstinado, ni se ha apartado lo suficiente para dejar de recibir su amor.

Al día siguiente, cuando desperté, Dios me confirmó su mensaje: la lectura bíblica de mi devocional de ese día era el Salmo 23. Lo que había visto la noche anterior no fue un trance inducido por las drogas, sino una visión de Dios. Él me mostró cómo se veía la paz verdadera en una imagen, y tenía las palabras perfectas para describirla.

Otro ejemplo de una visión sucedió en relación con la escritura de este libro. Hace algunos años, cuando Dios comenzó a ser más claro con respecto a que deseaba que escribiera este libro, le dije que Él tendría que llevar a cabo todo este asunto porque yo no tenía ni idea sobre eso. El Espíritu Santo fielmente me ha inspirado a lo largo de este proyecto. Le pregunté sobre el título, y me respondió al instante. He descubierto que todo lo que debo hacer es escuchar y luego intentar escribir lo que Él me dice.

Al principio de este proyecto, asumí erróneamente que, como autor, sería responsable por el diseño de la cubierta del libro. Esto me molestaba, porque no soy un artista. Oré regularmente por este tema durante las primeras semanas en que escribí, y luego dejé de hacerlo, porque no obtuve respuesta. Aunque había dejado de orar por eso, aún me inquietaba, pero finalmente dejé la tarea en manos de los diseñadores profesionales de la editorial, para que hagan el trabajo.

Recuerdos

La primera visión que tuve ocurrió hace más de treinta años, mientras dormía. Sucedió al poco tiempo de que Jesús me abrazó. Todavía puedo cerrar mis ojos y ver partes de ella. Tuve una visión de mí mismo caminando con Jesús en el cielo. Recuerdo que las paredes estaban hechas de las piedras más hermosas que pueda imaginar. Sabía que era el cielo y que caminaba con Dios. Lo único que explica el hecho de que tuviera este conocimiento es que el Espíritu Santo me lo haya dicho. Cualquier persona que verdaderamente me conozca puede decirte que siempre he tenido una fascinación por las rocas y las piedras. Creo que esta visión, a los 5 años de edad, provocó ese interés. Hay una descripción del cielo en La Biblia que habla de que las paredes están hechas de piedras preciosas (ver Apocalipsis 21). Solo el Espíritu Santo pudo mostrarme el cielo en esta visión.

Años más tarde, tuve dos visiones que esencialmente me llevaron a comenzar la lista de visiones que tengo en mi billetera (aunque no se trataban acerca de llevar una lista). Había hablado con unos amigos sobre la existencia de Dios. Eran un matrimonio con el que mi esposa y yo pasábamos mucho tiempo cuando estábamos recién casados. Estas dos visiones que tuve en realidad eran sobre ellos, y fue debido a lo que sucedió con esas visiones que, luego de nuestra conversación, comencé a llevar la lista. Lori y yo habíamos decidido comenzar a tener niños después de unos años de matrimonio. Perdimos un embarazo la primera vez, y luego tuvimos un embarazo ectópico que terminó con una operación de urgencia. Después de algunos meses, Lori quedó embarazada nuevamente; sin embargo, esperamos antes de decírselo a todos debido a las dos trágicas experiencias previas.

En una ocasión tuve que asistir a un entrenamiento en otro pueblo, y resultó que era donde trabajaba el marido de esta pareja. Le dije que nos encontraríamos para almorzar uno de los días que yo estaría por allí. Planeaba decirle que Lori estaba embarazada de nuevo cuando nos encontráramos. La noche anterior a nuestro almuerzo, tuve una visión de él y su esposa en un consultorio médico, donde ella iba a realizarse un aborto. Al día siguiente, cuando le conté que Lori estaba embarazada, él me dijo que a su esposa le había faltado el período ese mes, pero que no estaban seguros de si estaba encinta. Inmediatamente pensé en mi sueño y le dije:

—Si está embarazada, me sentiré feliz por ustedes.

—Espero que no lo esté —comentó—, este no es un buen momento para nosotros. Ella trabaja a jornada completa en un empleo excelente y también va a la escuela nocturna.

Abandonamos el tema y no volvimos a hablar de eso. Ni siquiera le había dicho a Lori sobre el sueño que tuve.

Algún tiempo más tarde, luego de traer a casa a nuestro recién nacido, ellos pasaron por nuestra casa espontáneamente para visitarnos. Estábamos sentados, hablando sobre el bebé, cuando Lori dijo que no sabía cómo alguien podría realizarse un aborto. La pareja se sintió incómoda y nos dijo que irían a conseguir cigarrillos. Me preguntaron si yo quería salir a ver su nueva camioneta y me dijeron que podría conducirla. Lori se quedó en casa con el bebé.

Cuando entramos en la camioneta, la esposa se volvió hacia mí y me dijo que ellos eran "ese" tipo de personas, en referencia a lo dicho por Lori. Mis pensamientos volaban. Comprendí que Dios me había mostrado lo que ocurriría por medio de una visión y que yo había fallado rotundamente al no decir nada al respecto cuando tuve la oportunidad. Me sentí tan culpable y malvado que no pude decir nada. Encendí la camioneta y actué como si ella no hubiese dicho ni una palabra. Conduje en silencio, y después de esa noche, rara vez nos hemos visto. No solamente fracasé la primera vez, sino que también fallé la segunda vez, al tratar de fingir que nada había sucedido.

Desearía haberles dicho la verdad acerca de mi visión, pero parecía ser muy tarde. Al menos habría podido hablarles del amor y del perdón de Dios para con ellos, pero en lugar de eso me quedé en silencio, lo cual fue peor para ellos. Espero que comprendas una realidad importante que este libro continúa probando. Dios constantemente intenta usarnos —a la gente común— para hacer su obra, pero debemos estar dispuestos a escuchar y obedecer.

Después de un tiempo, tuve un sueño (o visión) en el que hablaba con esta misma pareja sobre Dios. En mi sueño, el Espíritu Santo me dijo que comenzara desde el principio cuando hablara con ellos sobre Dios. Habían pasado meses desde la última vez que nos habíamos visto, pero al día siguiente ellos llamaron y nos pidieron si podíamos reunirnos. Supe que no era coincidencia. Luego de lo que había sucedido la última vez, Dios me había dado otra visión sobre ellos, y estaba decidido a ser obediente. Vinieron a nuestra casa esa noche, tomamos unos tragos y tuvimos una conversación informal. Yo no quería que se sintieran raros o incómodos enseguida, así que esperé la oportunidad correcta para comenzar a hablar acerca de Dios. Me di cuenta de que se hacía tarde y que, si no traía el tema a colación pronto, no tendría la oportunidad. Finalmente empecé la conversación acerca de Dios, e inicié con Adán y Eva, porque en mi visión el Espíritu Santo me había dicho que comenzara por el principio. Tan pronto como empecé a hablar, la esposa dijo que no podía creer que fuera una "coincidencia", porque justo la noche anterior habían tenido una discusión con otra persona sobre la veracidad de ese relato.

Ella se había graduado de la escuela nocturna recientemente y había tomado una clase de "religión", donde el maestro le había enseñado a la clase que La Biblia era un manojo de historias ficticias. Luego de una breve discusión, comprendí que no tenía modo de probarles que Adán y Eva fueron personas reales. Les dije que aun cuando no pudiera demostrarlo, yo no tenía otra elección que creer en Dios por todas las cosas que Él había hecho en mi vida. Querían saber qué tipo de cosas eran aquellas de las que hablaba. Intenté pensar en todo lo que yo sabía que Dios había hecho por mí, pero debido a la bebida y las drogas, no pude pensar en muchos casos, y los pocos que sí me vinieron a la mente, no me sentía cómodo como para describirlos.

Cuando se fueron esa noche, supe que otra vez había fallado en mi misión. Dos veces Dios había deseado que alcanzara a esta pareja para Él, y dos veces había fracasado rotundamente. La mañana siguiente escribí todo lo que pude recordar de lo que Dios había hecho en mi vida. He llevado esa lista en mi billetera para que, cuando recordara algo más, o cuando sucediera algo nuevo, pudiese registrarlo. No quiero verme jamás en otra situación donde no pueda recordar lo que Dios ha hecho por mí, aunque tenga que usar la lista.

La Biblia nos dice que Dios hará surgir algo bueno de lo malo para las personas que lo aman. Fracasé en hacer lo que Dios quería que hiciese con esta pareja, pero Dios usó esas fallas para llevarme a crear mi lista y, más adelante, este libro. ¡Alabado sea Dios por su paciencia y misericordia! ¿Qué fallas has tenido que Dios espere usar para sus planes y su gloria?

Adicción

¿Recuerdas cuando te conté que tenía una oración en mi lista de oraciones no respondidas, que estaba allí porque Dios me había hecho esperar varios años antes de contestarla? Bueno, esa oración se refería a mi adicción a las drogas ilegales y al alcohol. Intenté dejar de drogarme más veces de las que puedo contar. Oré por esto, y tenía otras personas que también oraban, pero nunca parecía cambiar nada. Tiraba toda la droga que tenía, pero al poco tiempo conseguía más o iba a algún lugar donde podía conseguir algo más fuerte. Si lograba estar sobrio, me ponía irritable y deprimido; pregúntale a mi esposa. Podía lograrlo por cinco o seis días, pero al final de ese período, estaba listo para dar otro golpe. Esto continuó por más de veinte años antes de que Dios finalmente me ayudara a detenerme. No la abandoné en una noche, sino que gradualmente mi deseo disminuyó. Cuando ya había hecho todo lo que pude para dejarla, Dios se presentó y quitó mi adicción. Te diré acerca de esto más adelante.

Si te sientes identificado, si sabes lo que es tener un área de pecado en tu vida que se ha convertido en una fortaleza, por favor, créeme que puede terminar. Tal vez pienses que si Dios te habla y te dice que dejes de hacer cualquier cosa, puedes hacerlo. Bueno, puede ser, pero no funcionó de esa manera para alguien tan testarudo como yo. ¿Recuerdas cuando Dios me llamó por mi nombre en la iglesia? Las dos únicas veces en las que Dios volvió a hablarme en voz alta, por medio de mis oídos, también eran con referencia a las drogas. Por lo tanto, tal vez te preguntes qué tiene que ver todo esto con los sueños y visiones. Está bien, déjame contarte.

Por primera vez en diez años de matrimonio, tuve un sueño recurrente sobre Lori. He tenido estos sueños al menos unas cuantas veces por mes. Las situaciones eran siempre diferentes, pero la historia era la misma. Estábamos en uno u otro lugar, y ella terminaba engañándome, justo frente a mí. Nunca parecía importarle que yo estuviera allí, viendo lo que pasaba. Siempre reaccionaba de la misma manera en mis sueños: después de sentirme mal y llorar, trataba de hablar con ella para resolver el asunto, pero nunca funcionaba. Finalmente me enfadaba y le decía que si eso era lo que ella quería, podía marcharse.

Los sueños eran tan reales que, cuando despertaba, durante un tiempo me era muy difícil separar el sueño de la realidad. Ella podía darse cuenta de cuando yo tenía uno de "esos" sueños, porque estaba frío y distante por la mañana. Ella nunca había hecho nada en nuestra relación que pudiese hacerme pensar que podría hacer este tipo de cosas, pero continué teniendo estas pesadillas, a pesar de que ella me tranquilizaba.

Esa noche en particular, soñé que una camioneta familiar se detuvo en la entrada de nuestra casa y que un hombre salió de ella con un bolso de lona. Era un viejo novio de mi esposa. Lo vi a través de la ventana y le pregunté a Lori:

—¿Qué hace él en nuestra casa?

—Va a quedarse a pasar la noche aquí.

—¿Dónde va a dormir?

—En nuestra cama —respondió.

Le rogué que no lo hiciera mientras él tocaba a la puerta. Seguí diciéndole cuánto la amaba y cuán mal me hacía sentir todo esto. Ella tenía una mirada perpleja en su rostro, y me preguntó:

—¿Por qué?

Le respondí que me haría sentir mal por lo mucho que la amaba. Podría decirte, por la mirada en su rostro que, como siempre, ella no podía entenderlo. Por lo general, en estos sueños yo tenía que sentarme a mirar cómo me engañaba, pero esta vez, desperté. Mi almohada y mi cara estaban mojadas de lágrimas y yo estaba sentado allí en la oscuridad, mirándola dormir a mi lado. Repetí en voz alta la última frase que le había dicho en mi sueño: "¿Por qué no puedes comprender cuánto te amo?"

Por segunda vez en mi vida, Dios me habló en voz alta; Él me devolvió la misma pregunta que le hacía a Lori. Me preguntó: "¿Por qué no puedes comprender cuánto te amo?" No había ninguna duda en mi mente sobre quién me hablaba, y dije: "¿A qué te refieres, Dios?" Él me repitió la pregunta nuevamente, y yo volví a preguntarle a qué se refería. Dios me dijo que cada vez que yo usaba drogas o tomaba alcohol o hacía cualquier otra cosa para encontrar la paz y la satisfacción que quería, lo engañaba a Él. Y dijo que no solamente lo engañaba, sino que lo hacía justo frente a Él, con un completo conocimiento de que Él podía verme. Eso es todo lo que me dijo, y no había nada más que yo pudiese decir. Me sentí descompuesto de mi estómago cuando me di cuenta de que estos sueños que había tenido por los últimos diez años, en realidad tenían que ver conmigo y mi relación con Dios.

Eran cerca de las 03:30 cuando esto sucedió; salí de la cama y abrí mi Biblia. Comencé a leer donde Dios se compara a sí mismo con un novio, y al Cuerpo de creyentes, con la novia. Sabía que esto no era una coincidencia, y me hacía sentir tan mal que caí al suelo y sollocé por un largo tiempo. Desde aquella noche no volví a tener otro sueño en el que Lori me engañaba. Desearía poder decirte que nunca más me drogué, pero no puedo. Si alguna vez hubo una persona que tuvo todas las razones para no caer nuevamente en un pecado en particular, ese era yo.

Solía pensar acerca de lo tontos y obstinados que fueron los israelitas cuando estuvieron en el desierto por cuarenta años. Dios les proveyó por medio de muchos milagros, pero ellos seguían cayendo nuevamente en sus antiguos pecados. Si yo hubiese formado parte de ese grupo, ¡probablemente Dios nos habría dejado allí por ochenta años! (Quiero que sepas que no es fácil escribir estas historias para que todos las conozcan. Por favor, comprende que escribo este libro por obediencia y no en busca de atención. Sé que Dios va a usarlo para llevar a las personas más cerca de Él. Mirarte en tu interior honestamente puede ser doloroso, pero el fruto de ello sobrepasa el costo por mucho).

He tenido muchos otros sueños en los que Dios me habló sobre mi adicción a las drogas. Uno que fue particularmente vívido todavía está adosado a mi mente. En el sueño andaba por un camino y comencé a cojear. Comprendí que había algo malo en mi pierna derecha que dificultaba mi viaje. Miré mi pierna y vi que había una costra pegada detrás de ella. Era blanca y alargada, lo que indicaba que había estado allí durante mucho tiempo. Mi pierna tenía un sarpullido y muchas llagas.

Quité la costra y comencé a apretar para sacar el pus de mi pierna. Parecían ser litros de pus que salían de ella. Uno de mis amigos apareció y dijo que era grosero y desagradable. Seguí apretando, pero empecé a darme cuenta de que no podría sacarlo todo. Otro par de manos apareció, y me ayudó a sacar el resto; luego continué caminando por el camino, esta vez sin problemas. Cuando desperté de ese sueño, supe exactamente lo que significaba, porque el Espíritu Santo me había dado la interpretación. La costra representaba mi adicción a las drogas. Había estado allí por el tiempo suficiente como para empezar a dificultar severamente mi caminar con Dios. El pus en mi pierna representaba los efectos de la adicción a las drogas en mi vida. Mi amigo, el que dijo que era grosero y desagradable, era otra persona que usaba drogas, pero lo hacía "socialmente", y no era adicto. El otro par de manos sin cuerpo, representaba al Espíritu Santo, que me ayudaría a quitar completamente la adicción de mi vida después de que yo hiciera el esfuerzo inicial. La forma en que pude caminar sin dificultad después de quitar la costra y todo el pus, me mostró que, una vez que pasara este problema, mi caminar con Dios sería sin dificultad.

Tuve otro sueño corto, el cual en realidad ocurrió varias veces, que también se refería a mi adicción a las drogas. En el sueño yo sabía que mi cuerpo necesitaba un "ajuste de válvulas". Esto es algo que hago con los motores muy regularmente en mi trabajo. En mi sueño, sacaba todas mis herramientas normales, y entonces caía en la cuenta de que no sabía dónde debía hacer los ajustes o cómo hacer la reparación. Miraba mi cuerpo, y me enfadaba al ver que no podía repararlo yo mismo. Dios me decía que necesitaba hacer algunos ajustes en mi cuerpo, pero que no podía hacerlos solo, necesitaba su ayuda.

Casi exactamente un año después de mi último sueño en el que Lori me engañaba, tuve otro sueño que era similar. Soñé que estábamos en una gran reunión con mucha gente, y que había un hombre atractivo que hacía señas para que Lori fuera con él. Se escuchaba música y la gente bailaba. Ella fue con él, y bailaron muy de cerca por un breve momento, antes de que ella volviera a pararse junto a mí. Le dije que no me gustó lo que había hecho. Ella razonó que solo habían bailado juntos, que fue solamente un breve baile y que había vuelto a mi lado. Cuando desperté, comprendí que este sueño no se trataba de Lori; era acerca de mi relación con Dios otra vez.

Rápidamente salí de la cama y me encaminé al baño, como si pudiese evitar lo que sabía que vendría. Había dado solo dos pasos cuando escuché que Dios me habló. Era la tercera vez en mi vida que lo había escuchado con mis oídos, y también fue la última, hasta ahora. Él dijo: "¡Yo, el Señor tu Dios, soy un Dios celoso!" No tuve que preguntarle a qué se refería esta vez, porque lo sabía. En ese punto de mi vida, Dios ya había quitado mi adicción a las drogas. Ya no deseaba las drogas ni sentía que no podía vivir sin ellas, pero bastante a menudo, seguía tomando o emborrachándome. Sabía que eso no estaba bien, pero pensaba que, comparado con el modo en el que solía vivir, andaba bien. Dios me hizo saber por medio de este sueño que aun aquellos pequeños "bailes" ocasionales con las drogas lo ponían celoso.

La lucha por la libertad

Cuando miro mi lista, veo que hay sueños que pueden ser agrupados como sueños de lucha o de combate. Al hablar con otros sobre sus sueños, he descubierto que es común que los cristianos tengamos esta clase de sueño. Pueden variar en gran manera con respecto al trasfondo, pero tienen una cosa en común: la lucha contra algún tipo de enemigo. En ellos, por lo general, somos superados en número y vencidos. Si tienes un arma, en raras ocasiones funciona, y si lo hace, no es efectiva. Recuerdo haber tenido este tipo de sueños desde que era un pequeño niño. Mi familia o yo éramos atacados. Muy a menudo, el sueño tomaba lugar en escenarios de guerra, pero no siempre. Aún sigo teniendo estos sueños, y ahora mis hijos también los experimentan.

Muchas veces, estos sueños simbolizan la guerra espiritual por la que atravesamos en nuestras vidas diarias. Son atemorizantes, porque, en un sentido, son reales. El diablo y sus demonios luchan contra nosotros y contra Dios. Explicaré esto en mayor profundidad en el último capítulo pero, según mi experiencia, algunas veces, cuando tenemos estos sueños, los demonios se encuentran justo allí para causarlos. He pasado la mayor parte de mi vida aterrorizado por estos sueños, pero ya no les temo. Después de más de treinta años de luchar con el miedo que les tenía, finalmente pude vencerlo por el poder del Espíritu Santo.

Una noche en particular, me desperté varias veces por unos ruidos en nuestra casa. Sentía la presencia del diablo, y me asustaba. Cada vez que me quedaba dormido, me encontraba en sueños en una forma distinta de trinchera, entonces un ruido en la casa volvía a despertarme. La mascota de la familia, nuestra perrita, también escuchaba los ruidos, y gruñía. Le dije a la presencia demoníaca que se fuera de nuestra casa en el nombre de Jesús, pero debido a que estaba tan asustado, volvía una y otra vez, al alimentarse de mi temor y de mi falta de fe.

Oré a Dios fervientemente, rogándole que luchara contra estos espíritus que me molestaban. Todavía tenía mis manos juntas por haber estado en oración cuando entré en otro de esos sueños, pero este era diferente. Podía verme a mí mismo en la cama, durmiendo. Había un ruido en mi sueño que me despertó, así que me levanté de la cama; mi perra y yo buscamos por la casa, pero no encontramos nada.

La perra lloriqueó para ir afuera, así que le abrí la puerta y salí para esperarla. Fue a la esquina de la casa y comenzó a gruñir. Caminé hacia donde estaba mi perra y vi un gran gato negro del tamaño de un puma. Arremetió contra nosotros desde la oscuridad y nos persiguió pisándonos los talones. Quedamos de espaldas a la pared; estábamos atrapados. Comencé a entrar en una justa ira porque este gato enorme estaba en mi propiedad y trataba de atacarnos a mi perra y a mí.

De repente, alguien a quien no pude ver, me alcanzó una barra o vara de madera. Era como de ocho a diez centímetros de diámetro y poco más de un metro de largo. Comprendí que debía usar esta vara como arma. Perseguí al gato, y a medida que lo perseguía, el gato se volvía más pequeño. Cuando finalmente lo atrapé, tenía el tamaño de un gato doméstico normal, y golpeé su cabeza con la vara de madera. Miré alrededor de mí y había más gatos que no había visto antes. Maté a todos los gatos golpeando sus cabezas con esa vara. Entré de nuevo a la casa, satisfecho de que hubiera sido tan simple, y volví a la cama.

Me desperté cuando el sueño terminó; todavía tenía mis manos unidas en posición de oración. No sentí ninguna presencia del maligno ni ningún miedo en absoluto. El Espíritu Santo me dijo que no debía tolerar o temer ser atacado, porque Él me daría las herramientas y el poder que necesitaba para combatir al enemigo. Como dice en el Salmo 23:4: *"Aun si voy por valles tenebrosos, no temo peligro alguno porque tú estás a mi lado; tu vara de pastor me reconforta"*. Me di cuenta de que la larga vara de madera que me fue dada era un cayado de pastor extra largo, una herramienta de propósitos múltiples que los pastores de ovejas utilizan como arma cuando es necesario. Nuestro Señor es el buen pastor, y Él nos protege con sus armas, ¡que son extremadamente grandes!

También fue significativo que usara la vara de pastor para "aplastar" las cabezas de los gatos. En Génesis 3:15 Dios le dijo a la serpiente (Satanás) que su cabeza sería aplastada. Con esto predecía lo que sucedería cuando Jesús muriera y resucitara: Satanás sería derrotado para siempre. El Salmo 68:21a dice: *"Dios aplastará la cabeza de sus enemigos"*. En ambos versículos encontramos el mismo pensamiento, Dios, que aplasta la cabeza de sus enemigos. Por treinta años había intentado luchar contra el enemigo por mí mismo y hasta le había pedido a Dios más de una vez que lo hiciera por mí. Este sueño me mostró que Dios no siempre pelea por nosotros. A veces nos da poder por medio del Espíritu Santo para luchar y vencer al enemigo (ver Romanos 16:20). Ahora, cuando tengo un sueño de combate, ya no me asusta. No confío en mí mismo. Dejo que el Espíritu Santo obre a través de mí para declarar la victoria sobre el enemigo.

Interpretación

Esto nos lleva a otro trabajo muy importante del Espíritu Santo: la interpretación. Mucha gente tiene sueños espirituales, pero sin la interpretación del Espíritu Santo, los sueños son meramente historias sin sentido. Esto es lo que ocurría cuando los no creyentes escuchaban las parábolas de Jesús. Solo eran historias sin sentido para ellos. La Biblia nos dice claramente, al menos en dos pasajes, que sin la ayuda de Dios los sueños no pueden ser interpretados. Como en la historia de José, que con la ayuda divina interpretó los sueños de dos personas y del faraón. En Génesis 40:8, José dijo: *"¿Acaso no es Dios quien da la interpretación?"* Él sabía que Dios le había dado el significado exacto de los sueños, y le dio a Dios el crédito.

Si tienes un sueño que te molesta, pide a Dios que te dé la interpretación. No pude encontrar ningún lugar en La Biblia donde Dios nos prometa darnos una interpretación, pero sí sé que, si queremos tener una interpretación, esta tiene que venir de Él. Puede usar a alguien para darnos su significado, pero aun así vendrá de Él. Algunas veces Dios da la interpretación de un sueño a medida que ocurre. Otras veces dará la interpretación tan pronto como el sueño termine. Y en otras ocasiones, puede tomar varios años antes de que sepamos el significado de un sueño. En la historia de José, le llevó varios años para que se cumpliera el sueño en que su familia se postraba ante él.

No debemos dudar de la validez o importancia de nuestros sueños solo porque no se materializan enseguida o no tienen sentido para nosotros. Los sueños que tuve sobre el engaño de mi esposa son buenos ejemplos de ello. Pasaron diez años antes de que Dios me dijera lo que esos sueños realmente significaban. Cuando Dios te da un sueño espiritual y no te da la interpretación enseguida, te obsesionará. Leemos en Daniel, capítulos 2 y 4, que el rey Nabucodonosor tenía dos sueños que lo molestaban. Pidió a aquellos que lo rodeaban que interpretaran sus sueños, pero ninguno pudo hacerlo. *"A esto Daniel respondió: No hay ningún sabio ni hechicero, ni mago o adivino, que pueda explicarle a Su Majestad el misterio que le preocupa. Pero hay un Dios en el cielo que revela los misterios..."* (Daniel 2:27-28a). Dios le dio a Daniel la interpretación de los sueños del rey, pero Daniel le dio a Dios todo el crédito. Como el rey Nabucodonosor, nosotros también debemos buscar el significado de nuestros sueños. Cuando comencé a escribir este capítulo y busqué todos los sueños de los que había guardado registro, me di cuenta de que había un puñado de los que Dios aún no me había revelado el significado. Pensaba que no debía escribir sobre algo que yo mismo no entendía, así que decidí orar y pedir el significado de esos sueños antes de continuar escribiendo.

Oré y leí La Biblia, y oré un poco más y leí La Biblia un poco más. Luego de varios días empecé a ponerme algo impaciente. No lograba hacer ningún progreso en el libro, y no me sentía para nada más cerca de las respuestas que buscaba. Decidí orar y ayunar hasta que Dios me diera las respuestas que buscaba. A veces puedo ser un poco obstinado. Continué leyendo La Biblia y orando desde muy temprano en la mañana hasta muy tarde en la noche. Pasados algunos días, Él comenzó a darme las respuestas que anhelaba, y aun más. Llené ocho páginas de mi cuaderno con la información que Dios me dio. Podía sentir que Él disfrutaba nuestra interacción; Él estaba feliz de que yo me sumergiera en su presencia y lo buscara. Nuestro tiempo juntos me recordaba a la mujer que se hace rogar para así poder probar el amor de su pretendiente. Y me di cuenta de que yo, también, gozaba de este tiempo juntos.

Finalmente llegué a un punto en que sentí que Dios había respondido mis preguntas hasta donde quiso. Me dio el significado de la mayor parte de mis sueños, así como la confianza que necesitaba para seguir adelante. Me postré en oración y le agradecí por ser tan paciente con un alguien obstinado como yo. Durante esta oración, una vez más, le pedí la interpretación de un sueño que había tenido hace varios años. Mientras oraba, Él me hizo recordar un sueño que ni siquiera estaba en mi lista. Este sueño era similar al sueño en cuestión, pero no era exactamente el mismo. Después de que Él volvió a contarme ese sueño, me dio su significado y varios pasajes bíblicos pertinentes.

Este es el sueño: yo estaba en mi casa, trabajando en el garaje. Varias furgonetas se dirigieron a la entrada de mi casa y aparecieron muchas personas con camisetas azules. Eran parte de un grupo de una iglesia, y me pedían que me incorporara a sus proyectos. Les pregunté acerca de los proyectos antes de comprometerme. Me llevaron a una casa que arreglaban para uno de los miembros de la iglesia, y me mostraron todo el trabajo que ya habían hecho. La puerta de calle se pandeaba porque el marco se caía, entonces clavaron tirantes de dos por cuatro al exterior de la casa para solucionar el problema. Las ventanas y las paredes también estaban torcidas e inclinadas, así que habían clavado tablas en el exterior de la casa en aquellas áreas también.

Inspeccioné la edificación y descubrí que sus cimientos se habían hundido a un nivel completamente por debajo de la puerta y estaban podridos en varios lugares. En algunas áreas, había agujeros lo suficientemente grandes como para que un hombre pasara por ellos. La base estaba hecha de ladrillos en algunos sitios, pero el mortero, que mantiene los ladrillos unidos, estaba también podrido y desmenuzado. Las partes de cemento del sótano estaban tan deterioradas que podía atravesarlas con mis dedos. Llamé al líder y le pregunté por qué habían sido negligentes al no reparar los verdaderos problemas de la casa. Reconoció que los problemas existían, pero dijo que costaría mucho y llevaría mucho tiempo reparar los cimientos. Discutí con él porque los arreglos que habían hecho eran solo temporarios. Otra vez me dijo que no repararían los cimientos porque les llevaría mucho tiempo y costaría demasiado.

Después de recordarme este sueño, Dios me dijo lo que significaba. El gran grupo de personas con camisetas azules representaba la mayor parte de la gente de la Iglesia hoy. No eran solamente miembros de la Iglesia, sino también sus líderes. La casa representaba las vidas de la gente común. Los problemas de la casa eran los problemas que esa gente tiene en sus vidas, cotidianos y comunes tales como divorcio, asuntos financieros, depresión, ansiedad, angustia y rechazo. Los trabajos de "remiendo" que ellos habían hecho representaban la manera en que la gente, a menudo, maneja estos problemas.

Vidas cambiadas

En lugar de tratar el asunto real, los cimientos, muchas personas arreglan solo los síntomas con parches inútiles. Estos remiendos que la gente, por su propio poder, utiliza para resolver sus problemas, incluyen drogas ilegales, alcohol, ir de compras y aun drogas de prescripción médica. Algunas personas emparchan sus problemas por medio de una constante búsqueda de placer, entretenimiento o éxito financiero, en lugar de lidiar con la raíz que causa su malestar interior y su trastorno personal. Otros remiendos implican rituales huecos y tradiciones religiosas sin significado. La lista incluye cualquier cosa que hacemos o usamos para intentar arreglar nuestros problemas separados del Señor. Sin una sumisión completa a Dios, nuestros cimientos nunca estarán sobre la roca sólida.

Dios me mostró que esa base representaba nuestra relación con Él: Padre, Hijo y Espíritu Santo. Me dijo que mucha gente conocía algunas cosas acerca de quién es Él, pero que realmente no lo conocían. Los ladrillos representaban verdades sólidas acerca de Él, pero si no había nada que mantuviera juntas esas verdades, estas no tienen valor. Sin una verdadera relación con Dios, el conocimiento de las verdades sobre Él no nos salvará. Nuestra relación con Él comienza con la fe, que nos lleva a una obediencia activa. Nuestra fe en Jesús nos trae salvación, y la obediencia activa no es sustituta de nuestra fe, sino una verificación de ella. Dios no trataba de decirme que podemos ganarnos nuestra salvación. Más bien, Él decía que, si tenemos fe verdadera en Él, nuestras vidas cambiarán. Un cimiento sólido —o relación con Él— está basado en la fe que lleva a la sumisión.

En La Palabra leemos:

> *A pesar de todo, el fundamento de Dios es sólido y se mantiene firme, pues está sellado con esta inscripción: 'El Señor conoce a los suyos', y esta otra: 'Que se aparte de la maldad todo el que invoca el nombre del Señor'.*
> —2 TIMOTEO 2:19

Aquí, La Biblia nos dice que la verdadera fe en Dios resulta en un cambio de conducta. Podemos ver lo que Jesús tenía para decir acerca de este tema en los siguientes versículos:

> *No todo el que me dice: "Señor, Señor", entrará en el reino de los cielos, sino sólo el que hace la voluntad de mi Padre que está en el cielo. Muchos me dirán en aquel día: "Señor, Señor, ¿no profetizamos en tu nombre, y*

en tu nombre expulsamos demonios e hicimos muchos milagros?" En-
tonces les diré claramente: "Jamás los conocí. ¡Aléjense de mí, hacedores
de maldad!" Por tanto, todo el que me oye estas palabras y las pone en
práctica es como un hombre prudente que construyó su casa sobre la roca.
Cayeron las lluvias, crecieron los ríos, y soplaron los vientos y azotaron
aquella casa; con todo, la casa no se derrumbó porque estaba cimentada
sobre la roca. Pero todo el que me oye estas palabras y no las pone en
práctica es como un hombre insensato que construyó su casa sobre la
arena. Cayeron las lluvias, crecieron los ríos, y soplaron los vientos y
azotaron aquella casa, y ésta se derrumbó, y grande fue su ruina.

—MATEO 7:21-27

Jesús hizo hincapié en algunos puntos fuertes en este pasaje. Dijo que no todos los que lo llaman "Señor" entrarán en los cielos, sino solo aquellas personas que hacen la voluntad de Dios. El Señor también dijo que, después de que una persona escucha su mensaje, solamente tendrá un sólido cimiento si pone en práctica sus palabras. Para edificar sobre la roca, tenemos que ser discípulos que escuchan y responden. Esta relación con Él comienza cuando lo recibimos como nuestro Señor y Salvador, y luego nos lleva a obedecerle. Las personas que edifican sus casas en la arena, no construyen sus vidas sobre una relación firme con Dios, sino sobre otra cosa. Puede tratarse de la riqueza, el éxito, el placer, la salud, la popularidad u otra gente. Todas estas cosas, al final, nos defraudarán, y ninguna de ellas puede asegurarnos un lugar eterno en el cielo como puede hacerlo Jesús. Mi adicción a las drogas ilegales y al alcohol me impedía edificar cimientos sólidos sobre la roca que es Él; afortunadamente, fui librado de esas arenas movedizas.

Con respecto a mi sueño, se hace evidente por qué los líderes de los grupos de la iglesia no quisieron tomar tiempo o pagar los gastos asociados con la construcción de un fundamento sólido. ¡Las verdaderas relaciones toman mucho tiempo! Por ejemplo, un buen matrimonio es un compromiso de toda la vida, veinticuatro horas al día, siete días a la semana, trescientos sesenta y cinco días al año. Una relación real con Dios es el caminar diario con Él; no una caminata de domingo por la mañana o una carrera de diez minutos por día. Para darle a esta relación el tiempo que necesita y merece, la mayoría de las personas precisan quitar otras cosas de sus agendas. Este es el alto costo de construir un fundamento firme sobre la roca. Jesús nos pide que pongamos cada área de nuestras vidas en sus manos. Esto incluye el control de nuestro tiempo, carrera, finanzas, otras relaciones, amigos y placeres. Puede costarnos persecución, pérdida de la posición social y, en algunos países, hasta la muerte.

Esto es de lo que Jesús hablaba en Lucas 14:33: *"De la misma manera, cualquiera de ustedes que no renuncie a todos sus bienes, no puede ser mi discípulo".* Puede sonar atemorizante, pero Jesús también nos dio estas palabras alentadoras::

Vengan a mí todos ustedes que están cansados y agobiados, y yo les daré descanso. Carguen con mi yugo y aprendan de mí, pues yo soy apacible y humilde de corazón, y encontrarán descanso para su alma. Porque mi yugo es suave y mi carga es liviana.

—MATEO 11:28-30

¿Qué otras palabras más tranquilizadoras podría habernos dado nuestro Salvador?

Me doy cuenta de que puede parecer que viramos un poco lejos de los sueños y visiones, pero la extensa interpretación de este último sueño es fundamental. Dios me mostró que este libro entero podría ser resumido en ese sueño. El libro se centra en las diferentes formas en que Dios nos habla, pero cuando lo miramos como algo íntegro, estas distintas clases de comunicación también son una imagen completa de lo que puede involucrar una relación saludable con Dios. ¡Dios quiere que nuestra relación con Él cubra cada área de nuestras vidas!

Haz tu propia lista

Podría comentarte de muchos sueños y visiones más que Dios me ha dado, pero estos ejemplos prueban que Dios puede hablar a las personas comunes por medio de sueños y visiones, y que Él, de hecho, lo hace. Te aliento a que escribas todos los sueños que puedas recordar. No olvides que algunas veces no podemos recordar un sueño hasta que pasa un tiempo. Eso está bien. A medida que tengas más sueños, agrégalos a la lista, y verás que surgen patrones. Esa lista en desarrollo será tu propio vocabulario de sueños. Podrás ver cómo Dios confecciona los sueños especialmente para ti.

Ten en mente que, muy a menudo, Dios nos da diferentes sueños que tienen el mismo significado. Es su manera de decirnos algo en más de una forma. Vimos que esto sucedió en la historia de la interpretación de José del sueño del faraón; tuvo dos sueños distintos que significaban lo mismo. He descubierto que Dios también ha hecho esto por mí muchas veces; recibí sueños distintos con el mismo significado. Hasta que Dios nos da la interpretación, ¡no podremos ni siquiera darnos cuenta de que los sueños están relacionados!

A lo mejor querrás tener un anotador cerca de tu cama, como lo hago yo, para que puedas escribir acerca de tus sueños antes de que los olvides. Si no sueles recordar tus sueños, puede llevarte algún tiempo, pero la práctica te ayudará. Algunas personas tienen más sueños que otras, pero no te desanimes. Cuando tengas un sueño espiritual, pídele a Dios que te dé la interpretación por medio de su Espíritu Santo. Esta es la parte que transformará tus sueños en herramientas útiles. ¡Dios habla por medio de sueños y visiones!

Tu turno

Escribe acerca de todas las visiones que Dios te ha dado. Recuerda que una visión es algo que Él nos muestra claramente por medio de una ventana o de la vista sobrenatural. Puedes estar dormido o despierto. Puede ser algo que ya ha pasado, o puede ser algo que aún no ha sucedido, como mi sueño sobre el cielo.

Escribe sobre los sueños espirituales que Dios te ha dado. Los sueños espirituales son sueños que no tienes problemas en recordar; puede ser que no tengan sentido en lo superficial, pero los recuerdas y te preguntas qué significan. Por lo general son simbólicos, como las parábolas de Jesús. El Espíritu Santo puede haberte dicho lo que significan, o tal vez no.

_____

_____

_____

_____

_____

_____

_____

CAPÍTULO 8

Dios habla por medio de ángeles

Se ha dicho y escrito mucho sobre los ángeles; algunas cosas son verdaderas y otras son ficticias. Existen cerca de trescientas referencias a los ángeles en La Biblia, eso es verdad. De acuerdo con el diccionario Webster, *ángel* quiere decir "mensajero de Dios". Un ángel es un ser espiritual creado por Dios, para Dios. Al respecto escribió Pablo:

> *Porque por medio de él fueron creadas todas las cosas en el cielo y en la tierra, visibles e invisibles, sean tronos, poderes, principados o autoridades: todo ha sido creado por medio de él y para él.*
>
> —COLOSENSES 1:16

Los ángeles son siervos poderosos de Dios, y le obedecen. El salmista escribió: "*Alaben al Señor, ustedes sus ángeles, paladines que ejecutan su palabra y obedecen su mandato*" (Salmo 103:20). El libro de Hebreos va más allá y explica que los ángeles son enviados por Dios para hacer su voluntad. "*En cuanto a los ángeles dice: 'Él hace de los vientos sus ángeles, y de las llamas de fuego sus servidores'*" (1:7).

Más adelante, en ese mismo capítulo, el autor de Hebreos dijo: "*¿No son todos los ángeles espíritus dedicados al servicio divino, enviados para ayudar a los que han de heredar la salvación?*" (1:14).

Aquí Dios nos dice el propósito principal para enviar a sus ángeles a la Tierra: ayudar y ministrar a sus verdaderos creyentes. Según el diccionario Webster, *ministro* significa "uno que sirve como un agente para otro". En su forma verbal, quiere decir "dar ayuda a". Así que los ángeles son agentes de Dios, enviados por Dios para asistir a su pueblo. El Salmo 34:7 se refiere a este mismo tema: *"El ángel del Señor acampa en torno a los que le temen; a su lado está para librarlos"*. Una vez más vemos que Dios envía a sus ángeles para asistir a sus creyentes. Qué reconfortante es saber que, aunque por lo general no vemos a los ángeles que Dios envía a nuestro favor, están aquí listos para ayudarnos de maneras invisibles.

Un ejemplo excelente de esto se encuentra en el capítulo 6 del libro de 2 Reyes, cuando el profeta Eliseo le advertía al rey de Israel acerca de la ubicación del enemigo. Dios le decía a Eliseo dónde se encontraba el campamento opositor, y Eliseo se lo informaba al rey de Israel. El rey de Siria se dio cuenta de lo que sucedía y envió sus hombres para capturar a Eliseo, de modo que este no volviera a interferir en la guerra. El rey enemigo envió *"un destacamento grande, con caballos y carros de combate"* a Dotán, donde se encontraba Eliseo. La historia continúa así:

> *Llegaron de noche y cercaron la ciudad. Por la mañana, cuando el criado del hombre de Dios [Eliseo] se levantó para salir, vio que un ejército con caballos y carros de combate rodeaba la ciudad.*
>
> *—¡Ay, mi señor! —exclamó el criado—. ¿Qué vamos a hacer?*
>
> *—No tengas miedo —respondió Eliseo—. Los que están con nosotros son más que ellos.*
>
> *Entonces Eliseo oró: "Señor, ábrele a Guiezi los ojos para que vea". El Señor así lo hizo, y el criado vio que la colina estaba llena de caballos y de carros de fuego alrededor de Eliseo. Como ya los sirios se acercaban a él, Eliseo volvió a orar: "Señor, castiga a esta gente con ceguera". Y el Señor hizo lo que le pidió Eliseo.*
>
> —2 Reyes 6:14b-18

Este acontecimiento nos da una imagen de la realidad invisible de nuestras vidas. Si Eliseo no hubiese orado para que Dios abriera los ojos de su sirviente, el hombre no habría visto todos los ángeles que había allí para protegerlos. Tenemos que recordar que Dios y sus caminos son constantes, no cambian. Él envió ángeles para hacer su obra en La Biblia, y continúa utilizando ángeles para hacer su voluntad hoy, ahora mismo.

Inadvertidos

Me pregunto cuántas veces los ángeles nos han asistido y no los vimos. Si creemos en Dios y creemos en su Palabra, La Biblia, debemos creer que lo que Él nos dice es verdad. ¡Dios usa a los ángeles para ayudarnos a pasar las situaciones de la vida! Él nos habla por medio de los ángeles para mostrarnos cuánto nos ama. Al comienzo de este libro has leído cómo el Señor envió dos ángeles para salvar mi vida cuando el camión cayó sobre mí. Mientras mi espíritu estuvo separado de mi cuerpo flotando cerca del cielorraso, pude ver a los ángeles perfectamente. Tan pronto como mi espíritu se volvió a unir con mi cuerpo y veía a través de mis ojos humanos, ya no pude verlos. Esta historia es como la que vimos previamente en 2 Reyes. El Señor envía sus ángeles, pero a menudo no podemos verlos con nuestros ojos humanos.

La Biblia nos dice que, a veces, Dios envía ángeles y no podemos distinguirlos de personas normales. *"No se olviden de practicar la hospitalidad, pues gracias a ella algunos, sin saberlo, hospedaron ángeles"* (Hebreos 13:2). Abraham experimentó esto cuando dio comida y abrigo a tres extraños que se presentaron un día. Enseguida descubrió que dos de los visitantes eran ángeles y que la tercera "persona" era el Señor mismo (ver Génesis 18). De estos ejemplos podemos ver que algunas veces los ángeles parecen personas normales, como así también el Señor. Cuando Dios aparece en forma humana, en La Biblia, es usada la frase "el ángel del Señor" para describirlo. Aunque Dios es Espíritu, a veces prefiere entregar un mensaje Él mismo en la forma visible de una persona. La Biblia se refiere de manera típica al mensajero como "el ángel del Señor". En estos casos, el contexto de lo que se dice muestra que, por lo general, es el Señor el que habla, no un ángel. Podemos incluir entre algunos ejemplos los que encontramos en Génesis 22:15-18 y Jueces 6:21-23.

Fui a la universidad con un hombre que decía estar seguro de que un ángel le había presentado a su esposa, porque no había otra explicación posible. Había visitado un pueblo que se encontraba a una distancia considerable de su casa, donde su futura esposa también estaba de visita. Ambos habían llegado por separado a una excursión en medio de una gran multitud. Una persona que él no conocía, lo presentó por su nombre a su futura esposa. Él creyó que esta persona era alguien conocido de su amigo. Su futura esposa pensó lo mismo porque, aunque ella tampoco conocía a esta persona, también la presentó por su nombre. Los dos vinieron en grupos separados, de áreas opuestas del Estado y nunca antes se habían visto. Sin embargo el extraño los presentó y luego desapareció antes de que alguien pudiese averiguar quién era. Este hombre terminó saliendo con la mujer y más tarde se casó con ella, todo porque un extraño los presentó. Dios usa a los ángeles.

Ángeles guardianes

Una función importante de los ángeles es la de ser guardianes. Jesús nos dijo en Mateo 18:10: *"Miren que no menosprecien a uno de estos pequeños. Porque les digo que en el cielo los ángeles de ellos contemplan siempre el rostro de mi Padre celestial"*. Este versículo nos muestra no solo que Dios tiene en alto valor a los niños, sino también que a sus ángeles guardianes les es dado acceso directo a Dios en todo tiempo. Este versículo explica por qué yo tuve tan dramática experiencia con Dios a la edad de 5 años. Cuando le pedí a Jesús que me abrazara y consolara, recibí una respuesta inmediata a mi oración. No solamente fui abrazado y consolado, sino que también fui lleno de completa paz.

Este punto se encuentra ejemplificado en el capítulo 21 de Génesis. Abraham envió a su criada Agar y al niño que ella le había dado al desierto, por pedido de su esposa. El niño tenía cerca de 13 años de edad. La mujer y su hijo estaban en el desierto y se quedaron sin agua. Ella puso al niño a la sombra de unos arbustos y se retiró a una corta distancia de él, porque pensó que moriría y no quería verlo cuando esto sucediera. Ambos lloraban cuando el ángel de Dios la llamó desde el cielo y le dijo que no tuviera miedo. Le dijo que Dios había escuchado al niño llorando allí debajo de los arbustos. A continuación Dios abrió los ojos de la mujer y pudo ver un pozo de agua, el cual salvó sus vidas. El ángel se aseguró de señalar que Dios había escuchado llorar al niño. Queda claro también que Dios se puso en acción inmediatamente. Creo que esto sucedió porque su ángel guardián llevó sus oraciones a la atención inmediata de Dios. Entonces, el ángel de Dios le dijo a su madre qué hacer y que no tuviera miedo.

Encuentros con ángeles

Durante mi investigación acerca de los ángeles en La Biblia, he descubierto que todos los encuentros con ángeles pueden ser clasificados en siete categorías, siete formas diferentes en que los ángeles cumplen la voluntad de Dios.

La primera y más común de las tareas de los ángeles es entregar los mensajes de Dios a las personas. Dios usó a los ángeles como voceros en el capítulo 18 de Génesis, para decirles a Abraham y a Sara que tendrían un hijo. Cuando Dios probó a Abraham en la tarea de sacrificar a su único hijo, fue el ángel del Señor quien lo detuvo. En el Antiguo Testamento existen varios ejemplos más en los que Dios usa ángeles como mensajeros. Al principio del Nuevo Testamento, encontramos ángeles que comunicaron a María y a José que tendrían como hijo a Jesús (ver Lucas 1). Los ángeles también anunciaron el nacimiento de Jesús a los pastores que cuidaban sus rebaños en los campos cercanos a Belén (ver Lucas 2). Después de que Jesús fue crucificado y sepultado, un ángel anunció su resurrección (ver Mateo 28). Cuando Jesús ascendió a los cielos, dos ángeles anunciaron que un día Él volvería tal como se había marchado, en las nubes (ver Hechos 1:10-11). Estos son solamente unos pocos ejemplos de las muchas veces que en La Biblia Dios usó ángeles para entregar sus mensajes.

La segunda tarea de un ángel es proteger al pueblo de Dios. En el Antiguo Testamento, en el capítulo 3 del libro de Daniel, Dios salvó a tres de sus seguidores de ser quemados en un horno ardiente al enviar a un ángel para protegerlos de las llamas. En el capítulo 6 de Daniel, Dios salvó a Daniel de la muerte en el foso de leones al mandar un ángel para cerrar la boca de los leones. En el Nuevo Testamento, en el libro de los Hechos, capítulo 12, un ángel ayudó al apóstol Pedro que estaba en prisión y afrontaba una posible sentencia de muerte. Era custodiado por dieciséis soldados, lo habían hecho dormir entre dos de ellos, y estaba atado con cadenas en sus muñecas. Un ángel despertó a Pedro en medio de la noche y quitó sus cadenas. El ángel le dijo a Pedro que se vistiera y que lo siguiera fuera de la prisión. Después de ayudarlo a huir de la prisión de manera segura, el ángel desapareció. Dios envió ángeles para proteger a su pueblo.

Una mujer que asiste a nuestra iglesia comentó un gran ejemplo de protección a través de ángeles. Había estado en una boda familiar en un pueblo grande lejos de su casa. Se hacía tarde, así que decidió volver conduciendo al hotel. Llevaba con ella al hotel a su nieto, por pedido de sus padres. Se detuvo en una luz roja, y cuando la luz cambió a verde, el auto no pudo avanzar. Miró hacia abajo para ver su pie, que inexplicablemente presionaba el pedal del freno, en lugar del acelerador. En ese instante, un auto pasó a toda velocidad por la intersección, ignorando la luz roja. Si hubiese arrancado cuando la luz se puso en verde, habría sido embestida por el auto que no se detuvo por el semáforo en rojo. Estaba segura de que un ángel guió su pie para protegerla a ella y a su nieto. Dios envía a sus ángeles para hacer su obra, y al hacerlo, ¡demuestra su amor por nosotros!

La tercera tarea de un ángel es dar ánimo y guía al pueblo de Dios. En Génesis aprendimos acerca de Agar, la criada que huyó de su señora. El ángel del Señor se le apareció y le dijo que debía volver a donde su ama estaba, y someterse a ella. También le dijo que tendría un hijo, y que su descendencia sería muy numerosa. Estas afirmaciones le dieron a Agar guía y aliento. En el capítulo 10 de Daniel, un ángel tocó a Daniel y le dio fuerza cuando estaba débil. En 1 Reyes 19, Dios envió un ángel para alimentar y estimular a Elías cuando se ocultaba en el desierto. En el capítulo 4 de Mateo Jesús estuvo en el desierto por cuarenta días; allí fue tentado por el diablo, y Dios envió los ángeles para asistirlo. En Lucas, un ángel se le apareció a Jesús en el jardín de Getsemaní para fortalecerlo y animarlo antes de ser arrestado y más tarde crucificado (ver 22:43).

Déjame contarte una historia que muestra cómo Dios aún utiliza ángeles para guiarnos. Carol es una mujer que ha sido de aliento y consuelo para mí desde que asistía a la escuela primaria. En 1970 ella vivía al lado de una familia con la que también se había hecho muy cercana. En el momento de este incidente, llevaba nueve meses de embarazo. Un día alguien corrió a su casa gritando que la casa de su vecino se incendiaba. Corrió afuera y vio humo que salía de la casa. Carol sabía que la abuela de 90 años por lo general estaba en la casa durante el día, de modo que llamó a la puerta, pero no hubo respuesta. Abrió la puerta y la combustión la arrojó hacia afuera y al suelo.

La señora de la casa había salido a realizar escrutinios en los vecindarios por el censo federal, y Carol no tenía idea de dónde encontrarla. Nuestra ciudad tenía alrededor de veinte mil residentes, y cubría una amplia área. Oró a Dios para pedirle que la guiara dondequiera que se encontrase su amiga en la ciudad. Condujo directamente por una calle lateral, donde nunca había estado antes, y encontró el auto de la mujer. Entonces le pidió a Dios que le mostrara en cuál de las casas estaba. Halló a la mujer que salía de una vivienda, y ambas volvieron a la casa. Afortunadamente, la abuela no estaba en la casa en el momento del incendio, y Carol y su bebé no sufrieron daños cuando fue golpeada frente a la puerta. Cuando la mujer le preguntó a Carol cómo supo dónde encontrarla, ella le respondió que le pidió a Dios su guía y que luego condujo directamente hacia el lugar donde su auto estaba estacionado. Caro dijo que sus manos estaban sobre el volante del auto, pero que estaba segura de que, en realidad, un ángel tenía el control. ¡Dios envía ángeles para alentarnos y guiarnos hoy!

La cuarta tarea de un ángel es llevar castigo. Debemos recordar que los ángeles son muy poderosos y pueden matar a una persona fácilmente si son instruidos para hacerlo. En 2 Pedro 2:11 se nos dice que los ángeles son fuertes y poderosos. En el capítulo 24 de 2 Samuel, el rey David pecó, y Dios estaba enojado con él por causa de su orgullo. Como castigo por su pecado, Dios envió un ángel que mató a setenta mil personas en tres días a través de una plaga. Nuestro Dios es un Dios amoroso, pero también es un Dios justo, que promete consecuencias por el pecado, aun cuando existe el perdón. En el libro de los Hechos, capítulo 12, Dios envió a uno de sus ángeles para llevar un castigo. Cuando el rey Herodes dirigía al pueblo, ellos exclamaban que él era un dios, y no un hombre. Debido a que Herodes no dio la alabanza a Dios, un ángel del Señor lo hirió; fue comido por gusanos y murió. Existen muchas otras instancias en La Biblia en las que Dios envía un ángel para llevar su castigo.

La quinta tarea de un ángel es vigilar u observar la Tierra para Dios. En Zacarías 1:7-17, leemos que el profeta vio a un hombre montado a caballo y que había otros caballos con él. El profeta preguntó al ángel que estaba con él acerca de su significado:

> Yo le pregunté: "¿Qué significan estos jinetes, mi señor?" El ángel que hablaba conmigo me respondió: "Voy a explicarte lo que significan". Y el hombre que estaba entre los arrayanes me dijo: "El Señor ha enviado estos jinetes a recorrer toda la tierra". Los jinetes informaron al ángel del Señor, que estaba entre los arrayanes: "Hemos recorrido toda la tierra. Por cierto, la encontramos tranquila y en paz".
>
> —ZACARÍAS 1:9-11

En el libro de Éxodo Dios envió un ángel con los hijos de Israel para que vigilara a su enemigo. El ángel se movería de un área a otra, según fuera necesario (ver 14:19; 23:20,23; 32:34; 33:2). En el libro de Apocalipsis, capítulo 4, tres ángeles fueron enviados para vigilar la Tierra y para proclamar mensajes de Dios. En todos estos ejemplos, vemos que Dios envía a sus ángeles a moverse sobre la Tierra, para observarla y vigilarla.

La sexta tarea de un ángel es luchar contra el maligno. Algunas veces esta tarea se hace para cumplir con la protección del pueblo de Dios. Otras veces, la lucha contra el maligno se realiza para traer castigo. A veces es por otros propósitos. Los ángeles de Dios también luchan contra el maligno en respuesta a nuestras oraciones. Daniel había orado y ayunado por tres semanas cuando un ángel se le apareció en una visión.

> Entonces me dijo: "No tengas miedo, Daniel. Tu petición fue escuchada desde el primer día en que te propusiste ganar entendimiento y humillarte ante tu Dios. En respuesta a ella estoy aquí. Durante veintiún días el príncipe de Persia se me opuso, así que acudió en mi ayuda Miguel, uno de los príncipes de primer rango. Y me quedé allí, con los reyes de Persia.

Pero ahora he venido a explicarte lo que va a suceder con tu pueblo en el futuro, pues la visión tiene que ver con el porvenir".

—DANIEL 10:12-14

Este pasaje nos muestra que algunas veces, cuando oramos, provocamos que se lleve a cabo una batalla espiritual fuera de nuestra vista. Esta batalla en particular continuó por veintiún días, hasta que los ángeles derrotaron a los demonios y fueron a hablar con Daniel. Pienso que esto explica una de las razones por las que no siempre obtenemos respuesta inmediata a nuestras oraciones. También leemos mucho sobre ángeles que batallan contra las fuerzas del maligno en el libro de Apocalipsis:

Vi además a un ángel que bajaba del cielo con la llave del abismo y una gran cadena en la mano. Sujetó al dragón, a aquella serpiente antigua que es el diablo y Satanás, y lo encadenó por mil años.

—20:1-2

La séptima tarea de un ángel es adorar y alabar a Dios. Como escribió el salmista: *"Alábenlo, todos sus ángeles, alábenlo, todos sus ejércitos"* (Salmo 148:2). En el capítulo 2 de Lucas, el ángel les contó a los pastores acerca del nacimiento de Jesús. Cuando terminó de darles la buena noticia, se le unió un gran número de otros ángeles, y juntos alabaron a Dios: *"De repente apareció una multitud de ángeles del cielo, que alababan a Dios y decían: 'Gloria a Dios en las alturas, y en la tierra paz a los que gozan de su buena voluntad'"* (vv. 13-14).

En el libro de Apocalipsis, los ángeles de Dios alaban y adoran a Jesús continuamente en el cielo:

Luego miré, y oí la voz de muchos ángeles que estaban alrededor del trono, de los seres vivientes y de los ancianos. El número de ellos era millares de millares y millones de millones. Cantaban con todas sus fuerzas:

"¡Digno es el Cordero, que ha sido sacrificado, de recibir el poder, la riqueza y la sabiduría, la fortaleza y la honra, la gloria y la alabanza!".

—5:11-12

Todos los ángeles estaban de pie alrededor del trono, de los ancianos y de los cuatro seres vivientes. Se postraron rostro en tierra delante del trono, y adoraron a Dios diciendo: "¡Amén! La alabanza, la gloria, la sabiduría, la acción de gracias, la honra, el poder y la fortaleza son de nuestro Dios por los siglos de los siglos. ¡Amén!"

—APOCALIPSIS 7:11-12

Se nos dijo en Apocalipsis que, al final de este mundo, Dios va a desterrar al diablo y todos sus demonios para siempre. En ese momento los ángeles ya no tendrán que asistir al pueblo de Dios porque viviremos juntos con Él en el cielo. De acuerdo al capítulo 7 de Apocalipsis, parece que entonces los ángeles tendrán el placer de alabar y adorar a Dios por la eternidad.

Dios, no los ángeles

Dios usa a los ángeles para hablar a las personas en muchas formas. Cuando miramos las historias de La Biblia, encontramos que, a menudo, un encuentro con un ángel hace que la persona tenga miedo o se llene de asombro. Su juicio, de vez en cuando, se nubla, y a veces adora al ángel en vez de adorar a Aquel que envió al ángel. Durante las visiones de Juan acerca de los últimos tiempos, él se postró ante el ángel que le mostraba estas cosas.

Yo, Juan, soy el que vio y oyó todas estas cosas. Y cuando lo vi y oí, me postré para adorar al ángel que me había estado mostrando todo esto. Pero él me dijo: "¡No, cuidado! Soy un siervo como tú, como tus hermanos los profetas y como todos los que cumplen las palabras de este libro. ¡Adora sólo a Dios!"

—APOCALIPSIS 22:8-9

El apóstol Pablo también nos advirtió que no adoremos a los ángeles (ver Colosenses 2:18). También se nos dice en Éxodo 20:3-4 que no debemos postrarnos ante ninguna cosa en el cielo ni en la Tierra, excepto ante Dios. Debemos recordar que, aunque los ángeles sean poderosos y capaces de ayudarnos, solo son siervos de Dios y pueden hacer solamente lo que Él desea que hagan. Adorarlos u orar a los ángeles sería quitarle la gloria a Dios.

Dios, no satanás

Imagínate aquella vieja caricatura una vez más. Acabamos de examinar el rol del ángel blanco sobre uno de los hombros. Si queremos ser realistas, ahora tenemos que hablar del pequeño tipo rojo que está en el otro hombro. Un buen lugar para empezar está en Efesios:

Por último, fortalézcanse con el gran poder del Señor. Pónganse toda la armadura de Dios para que puedan hacer frente a las artimañas del diablo. Porque nuestra lucha no es contra seres humanos, sino contra poderes, contra autoridades, contra potestades que dominan este mundo de tinieblas, contra fuerzas espirituales malignas en las regiones celestiales.

—6:10-12

Aquí se nos recuerda que nuestro verdadero enemigo no son las personas malas, sino las fuerzas de maldad que nos rodean, que obran en las personas y a través de aquellos que desobedecen a Dios (ver también Efesios 2:2). Esto es difícil de comprender, porque la mayor parte de la gente no puede ver el mundo espiritual que lucha contra los creyentes, del mismo modo en que no podemos ver a los ángeles pelear a nuestro favor. Sin embargo, eso no quiere decir que todas estas cosas sean menos reales de lo que son; solamente son más complicadas para discernir o identificar.

En su carta a los Efesios, Pablo les advirtió que las fuerzas del maligno estaban formadas como un ejército. Existe una cadena definida de mando, con el diablo como su líder. También leemos en el libro de Daniel, capítulo 10, que ciertos demonios son asignados a ciertas áreas. Es sabio entender que el enemigo contra el cual nos levantamos no lucha de un modo casual, sino que ¡sigue un esquema de batalla conciso! El ejército de ángeles de Dios también está organizado por medio de una cadena de mando, con Dios como líder. Solamente dos ángeles buenos son nombrados en La Biblia: Miguel y Gabriel. En algunos lugares se nos dice que Miguel es un arcángel, o jefe de ángeles, y está a cargo de otros ángeles.

En el capítulo 12 de Apocalipsis descubrimos que el diablo, o Satanás, en un tiempo lejano, era un arcángel, porque también estaba a cargo de otros ángeles. En Isaías 14:4-15 y en Ezequiel 28:11-19 (y en otros lugares) nos dice que la caída de Satanás fue causada por el orgullo. Deseaba ser igual o mejor que Dios. Debido a este pecado, Dios utilizó al arcángel Miguel para arrojar al diablo y a sus ángeles caídos (demonios) fuera del cielo (ver Apocalipsis 12:7-9). También leemos en Judas 6 y en 2 Pedro 2:4, que estos ángeles serán castigados en el infierno por la eternidad al final de este mundo.

Cuando Satanás fue echado fuera del cielo por su pecado, se llevó consigo un tercio de todos los ángeles (ver Apocalipsis 12:4). Estos ángeles caídos se unieron a su rebelión y ahora son demonios que hacen sus obras. Apocalipsis 12:9 nos dice que Satanás y sus demonios tratan de pervertir el mundo. Quieren impedir que cualquiera tenga una relación de salvación con el Señor. Si una persona ya tiene una relación con Dios, el diablo intentará destruirla. Si el diablo descubre que no puede impedir o destruir nuestra relación con Dios, entonces tratará de deformarla y debilitarla para que no seamos tan útiles para Dios como deberíamos ser.

Nos debe alentar saber que el ejército de demonios de Satanás no es tan fuerte como el ejército de ángeles de Dios. *"Ustedes, queridos hijos, son de Dios y han vencido a esos falsos profetas, porque el que está en ustedes es más poderoso que el que está en el mundo"* (1 Juan 4:4). También es agradable recordar que los ángeles de Dios superan en número a los demonios por dos a uno. Así que no solamente Dios es mucho más poderoso que el diablo, sino que también ¡lo excede en número por mucho! Leemos en Romanos capítulo 8 que, en *"todas las cosas"*, Dios obra para el bien de aquellos que lo aman. Más adelante, en el mismo capítulo, Pablo escribió que ni los ángeles ni los demonios pueden separarnos del amor de Dios que es en Cristo Jesús nuestro Señor. Lamentablemente, esto no significa que el diablo y sus cohortes dejen de intentarlo. Por el contrario, nos acosarán aun más cuando creemos en Dios y comenzamos a ceder a Él y a aplicar sus reglas a nuestras vidas. En 1 Pedro 5:8 leemos que debemos estar alerta, porque el diablo merodea la Tierra como león rugiente, buscando a quién devorar.

El diablo nos tienta cuando somos vulnerables, al igual que el león que apresa al animal más débil. Cuando estamos solos o no estamos en comunión con otros cristianos, somos vulnerables. Cuando nos encontramos en un nivel físico alto o bajo, somos vulnerables. Cuando estamos en un nivel espiritual alto o bajo, somos vulnerables. Cuando estamos en un nivel emocional alto o bajo, somos vulnerables. El diablo usa estos tiempos para tentarnos de incontables maneras. Le encanta manipularnos usando nuestras necesidades, deseos y emociones. Quiere que nos cansemos de la forma que tiene Dios para hacer las cosas, que lo abandonemos, nos rindamos a él y tomemos el camino equivocado.

Satanás siempre ha deseado ser como Dios, y podemos encontrar en 2 Corintios 11:14 que se "disfrazará" de ángel de luz, y que sus sirvientes harán lo mismo. Vemos cómo esto sucede cuando cualquier persona o religión tuerce el significado de Las Escrituras, o aparenta ser religioso y en realidad no acepta o cree quién es realmente Dios y qué ha hecho por nosotros. Cuando Jesús era tentado por el diablo en el desierto, el maligno citó Las Escrituras para intentar que cayera en pecado. A pesar de que el diablo citó los versículos correctamente, torció su verdadero significado. El diablo y los demonios conocen La Biblia mejor que nosotros, porque son seres poderosos. El diablo continúa torciendo Las Escrituras para implementar sus mentiras.

Nuestra decisión

Cada uno de nosotros debe decidir quién es realmente Dios y qué significa para nosotros. Tenemos que tomar decisiones importantes. Lamentablemente, muchas personas no comprenden que sus decisiones tienen consecuencias eternas. Pasaremos la eternidad, ya sea en el cielo o en el infierno. El diablo intenta engañar a la gente sobre quién es Dios, hasta el momento de su muerte, o hasta que este mundo se termine. Si la gente piensa que no tiene que tomar una decisión acerca de quién creen ellos que es Dios, en realidad ya han tomado su decisión. La Biblia nos ayuda a tomar decisiones y nos da las herramientas para discernir las cosas que leemos o escuchamos. Juan escribió acerca de cómo podemos discernir:

Queridos hermanos, no crean a cualquiera que pretenda estar inspirado por el Espíritu, sino sométanlo a prueba para ver si es de Dios, porque han salido por el mundo muchos falsos profetas. En esto pueden discernir quién tiene el Espíritu de Dios: todo profeta que reconoce que Jesucristo ha venido en cuerpo humano, es de Dios; todo profeta que no reconoce a Jesús, no es de Dios sino del anticristo. Ustedes han oído que éste viene; en efecto, ya está en el mundo.

—1 JUAN 4:1-3

También encontramos guía en 1 Juan 3:10: *"Así distinguimos entre los hijos de Dios y los hijos del diablo: el que no practica la justicia no es hijo de Dios; ni tampoco lo es el que no ama a su hermano".* Este segundo versículo no puede ser tomado fuera de contexto. No dice que si alguno peca, no es o no puede ser un hijo de Dios. Sabemos por otros pasajes que todos hemos pecado. Esta es un área que al diablo le encanta usar en nuestra contra. La palabra *satán* quiere decir "acusador o difamador". Es muy feliz cuando puede tentar a un cristiano para que caiga en pecado. Entonces usa el pecado para que el cristiano se sienta culpable y para darle a los no cristianos la oportunidad de pensar que los cristianos son hipócritas. *"Porque ha sido expulsado el acusador de nuestros hermanos, el que los acusaba día y noche delante de nuestro Dios"* (Apocalipsis 12:10b).

El profeta Zacarías registró la siguiente visión:

Entonces me mostró a Josué, el sumo sacerdote, que estaba de pie ante el ángel del Señor, y a Satanás, que estaba a su mano derecha como parte acusadora. El ángel del Señor le dijo a Satanás: "¡Que te reprenda el Señor, que ha escogido a Jerusalén! ¡Que el Señor te reprenda, Satanás! ¿Acaso no es este hombre un tizón rescatado del fuego?" Josué estaba vestido con ropas sucias en presencia del ángel. Así que el ángel les dijo a los que estaban allí, dispuestos a servirle: "¡Quítenle las ropas sucias!" Y a Josué le dijo: "Como puedes ver, ya te he liberado de tu culpa, y ahora voy a vestirte con ropas espléndidas".

—ZACARÍAS 3:1-4

La visión de Zacarías puede causarnos mucho gozo. Nosotros, como Josué, estamos de pie delante del Señor con nuestros vestidos sucios, manchados por el pecado, y mientras tanto somos acusados por el diablo por nuestras equivocaciones; sin embargo, ¡el Señor nos ofrece su perdón purificante por medio de su misericordia y su gracia! ¡Alaba a Dios por su inmerecido amor!

Las siguientes áreas que consideraremos acerca del diablo y sus demonios son profundas; sin embargo, en raras ocasiones se habla de ellas. Cuando leemos los primeros capítulos del libro de Job aprendemos algunas cosas interesantes sobre el diablo. No puede leer nuestras mentes o decir verdaderamente el futuro, pero a veces sí puede adivinar lo que pensamos o bien el resultado de una situación, porque es muy inteligente. Descubrimos que es responsable ante Dios por todo lo que hace, y que no puede hacernos nada que esté fuera de la voluntad de Dios. Efesios 1:20-23 explica cómo esto se aplica al nuevo pacto. Dice que, una vez que Jesús resucitó de la muerte, todas las cosas fueron puestas bajo sus pies. Esto incluye al diablo y sus demonios, y muestra que aún permanecen bajo la autoridad del Señor.

En Lucas capítulo 22 Jesús dijo: *"Simón, Simón, mira que Satanás ha pedido zarandearlos a ustedes como si fueran trigo"* (v.31). De modo que el diablo pedía permiso a Dios para hacer algo. Aunque Dios limita lo que el diablo puede hacer, necesitamos comprender que todo lo que nos ha sucedido a ti o a mí ha sido permitido por Dios. Hubo tiempos en los que me preguntaba: "Si Dios es realmente un Dios amoroso, ¿por qué permitió que esto o aquello ocurriera?" Mucha gente se ha preguntado lo mismo en todos estos años. Pero Dios, en todo lo que le permite hacer al diablo, tiene en mente la eternidad. Debido a que estamos atrapados en nuestro cuerpo mortal aquí en la Tierra, y dado que no tenemos todo el conocimiento que tiene Dios, es muy difícil y a veces imposible para nosotros ver lo que Dios lleva a cabo. Cuando Jesús fue crucificado, sus seguidores estaban mortificados, aunque Él les había dicho lo que ocurriría. No fue sino hasta que resucitó de la muerte que ellos comenzaron a entender el plan eterno de Dios.

Las tragedias y dificultades con las que tú y yo lidiamos no son diferentes de las que tenían los discípulos. A menudo pasamos un tiempo difícil tratando de ver lo bueno de una situación trágica. Aquí es donde debemos tener fe en Dios y en sus promesas.

Tenemos que creer que Dios utiliza todas las cosas para su plan eterno y para su gloria. Algunas veces, las cosas que hacen el diablo y sus demonios no solamente son permitidas por Dios, sino que son iniciadas por Él. Encontramos un ejemplo en 1 Samuel 16:14-15:

> *El Espíritu del Señor se apartó de Saúl, y en su lugar el Señor le envió un espíritu maligno para que lo atormentara. Sus servidores le dijeron: "Como usted se dará cuenta, un espíritu maligno de parte de Dios lo está atormentando".*

Si continuamos leyendo este libro de Samuel, vemos que Dios aprovechó esta situación para que el rey Saúl conociera al muchacho pastor, David. David pudo ver lo que se necesitaba para llevar adelante un país, y más adelante se convirtió en rey.

Otro ejemplo en que Dios usa un espíritu maligno para hacer su obra se encuentra en 1 Reyes 22:

> *Micaías prosiguió: "Por lo tanto, oiga usted la palabra del Señor: Vi al Señor sentado en su trono con todo el ejército del cielo alrededor de él, a su derecha y a su izquierda. Y el Señor dijo: '¿Quién seducirá a Acab para que ataque a Ramot de Galaad y vaya a morir allí?' Uno sugería una cosa, y otro sugería otra. Por último, un espíritu se adelantó, se puso delante del Señor y dijo: 'Yo lo seduciré'. '¿Por qué medios?', preguntó el Señor. Y aquel espíritu respondió: 'Saldré y seré un espíritu mentiroso en la boca de todos sus profetas'. Entonces el Señor ordenó: 'Ve y hazlo así, que tendrás éxito en seducirlo'. Así que ahora el Señor ha puesto un espíritu mentiroso en la boca de todos esos profetas de Su Majestad. El Señor ha decretado para usted la calamidad.*
>
> —VV.19-23

Una vez más vemos que Dios usa un espíritu maligno o ángel "caído" para que cumpla algo para Él. La Biblia nos dice que Dios creó a todos los ángeles. Entonces esto incluirá al diablo y a su grupo de ángeles caídos. *"Mira, yo he creado al herrero que aviva las brasas del fuego y forja armas para sus propios fines. Yo también he creado al destructor para que haga estragos"* (Isaías 54:16). Queda claro que el Señor utiliza al diablo y sus demonios para cumplir su voluntad final.

Solo Dios sabe qué es lo que hace falta para que una persona o una nación verdaderamente crean en Él y lo sigan. A través de los siglos, Dios ha utilizado la tragedia una y otra vez para conseguir que la gente lo busque a Él, porque cuando todo está bien, por lo general, pensamos que no necesitamos a Dios. Muchos de nosotros somos tan autosuficientes e independientes que se precisa de algo que escape completamente a nuestro control para que comprendamos y reconozcamos que dependemos de Dios para todo, especialmente para nuestra existencia misma.

Engaño

El diablo nos miente. Una de sus maneras principales de mentirnos es convencernos de buscar una fuente de poder aparte de Dios. Nos dice que, si tenemos un problema o una pregunta, podemos manejarlo por nosotros mismos; y si no podemos, podemos consultarlo con alguien más, un amigo del mundo, nuestro horóscopo, un adivinador del futuro, algún médium, espiritista o cualquier otro que no sea Dios. Por causa de que Satanás es poderoso, tiene la habilidad de hacer cosas asombrosas por medio de sus seguidores, como se ve en muchas religiones falsas y ocultas. Si alguno dice o hace algo milagroso, el poder para hacer esa proeza vino de Dios o del diablo.

Pero Dios dejó muy en claro en muchos lugares de La Biblia que Él está en contra de cualquier cosa que involucre lo oculto. *"No acudan a la nigromancia, ni busquen a los espiritistas, porque se harán impuros por causa de ellos. Yo soy el Señor su Dios"* (Levítico 19:31). Dios vuelve a decirnos lo mismo en Levítico 20:6: *"También me pondré en contra de quien acuda a la nigromancia y a los espiritistas, y por seguirlos se prostituya. Lo eliminaré de su pueblo".* Más adelante, en Deuteronomio 18:10-12 dice:

> *Nadie entre los tuyos deberá sacrificar a su hijo o hija en el fuego; ni practicar adivinación, brujería o hechicería; ni hacer conjuros, servir de médium espiritista o consultar a los muertos. Cualquiera que practique estas costumbres se hará abominable al Señor, y por causa de ellas el Señor tu Dios expulsará de tu presencia a esas naciones.*

Incursionar en lo oculto o valerse de ello es una ofensa muy seria para Dios; Él lo toma como una rebelión abierta en su contra. Satanás es la fuente de poder de estas prácticas, así que cuando nos comprometemos con ellas, verdaderamente nos involucramos con el diablo, aun si no nos damos cuenta.

En estos tiempos modernos, otra área con la que Satanás ha salido impune —mayormente no detectada— es la de dolencias físicas y enfermedades. Existen varias menciones en el Nuevo Testamento en las que un demonio o espíritu maligno es la causa de un problema físico como sordera, enmudecimiento, ceguera, cojera o epilepsia. Si bien algunas veces estas dolencias físicas eran provocadas por espíritus malos, a veces no lo eran. Jesús y sus discípulos vieron a un hombre que había sido ciego desde su nacimiento. Los discípulos le preguntaron a Jesús quién había pecado, el hombre o sus padres, para que naciera ciego. Jesús les dijo que ninguno había pecado, sino que había nacido ciego para que las obras de Dios pudieran ser mostradas en su vida. Esta ceguera no fue causada por un espíritu maligno, sino por un problema natural. Jesús sanó al hombre y entonces pudo verse el amor de Dios por medio de la sanidad del problema que él tenía (ver Juan 9:1-5).

En Marcos 9:14-28 leemos acerca de un muchacho epiléptico

a quien Jesús sanó. El Señor dijo que un espíritu de sordera y de enmudecimiento atormentaba al muchacho. Él echó al espíritu y el muchacho volvió a su estado normal. En el capítulo 13 de Lucas encontramos a una mujer que había estado encorvada durante dieciocho años. Jesús puso sus manos sobre ella y la sanó. Y dijo a la gente que la observaba que Satanás la había encorvado así todos esos años. Este fue otro caso en que un espíritu malo causó un problema físico, pero Dios usó la situación para revelar su amor y su gloria. Marcos 5:1-20 muestra un ejemplo de cómo el diablo usa a sus demonios para provocar problemas mentales. Esto aún sucede hoy. Estos problemas pueden incluir muchas cosas como depresión, locura, ira, odio, rechazo, celos, preocupación, confusión, personalidades múltiples y aun adicciones, solo para nombrar algunos.

Hoy Satanás usa las mismas tácticas y métodos de operación que ha utilizado desde el jardín del Edén. En 1 Juan 3:8 dice que el diablo ha pecado desde el comienzo de los tiempos, y que Jesús vino para destruir las obras del diablo. El diablo usaba espíritus malos para causar problemas en aquel entonces, y lo hace también ahora. Pero la buena noticia es que Dios sigue haciendo milagros. Conozco personas que han sido sanadas de enfermedades, dolencias y problemas mentales. Algunos de ellos fueron originados por espíritus malos, y otros, por causas naturales. Cuando una persona tiene cáncer, va al hospital y es sanado, normalmente decimos que se sanó como resultado del milagro de la medicina moderna. Recuerda, Dios nos dio la "tecnología moderna", y es Dios quien está en control de todas las cosas. Esos milagros también le pertenecen a Dios. Cuando una persona recibe oración de parte de otra en una reunión de la iglesia o en otro lugar y es sanado, se hace muy difícil darle el crédito a otro que no sea a Dios. ¡Dios está en el negocio de los milagros, ayer, hoy y mañana!

Los milagros que vemos hoy son exactamente los que Jesús

prometió hace más de dos mil años. En el capítulo 16 de Marcos, Jesús dijo:

> *Les dijo: "Vayan por todo el mundo y anuncien las buenas nuevas a toda criatura. El que crea y sea bautizado será salvo, pero el que no crea será condenado. Estas señales acompañarán a los que crean: en mi nombre expulsarán demonios; hablarán en nuevas lenguas; tomarán en sus manos serpientes; y cuando beban algo venenoso, no les hará daño alguno; pondrán las manos sobre los enfermos, y éstos recobrarán la salud".*

VV.16:15-18

Si miramos más de cerca las palabras de Jesús, vemos que Él afirmó que sus creyentes, o seguidores, expulsarían demonios y curarían a la gente enferma, entre otras cosas. En Lucas capítulo 10 Jesús envió setenta y dos mensajeros delante de Él a cada lugar donde iría. Cuando los setenta y dos volvieron, le dijeron a Jesús que aun los demonios se sometían a ellos en su nombre. Jesús les dijo que Él les había dado la autoridad para pisotear "serpientes" y "escorpiones" y para vencer todo el poder del enemigo. ¡Este poder está disponible para nosotros hoy!

Esperar lo inesperado

Una noche asistí a una reunión en la iglesia donde una mujer nos habló acerca de un proyecto de misión en el que ella y su esposo estaban involucrados. Después de la reunión, me dirigí al lugar donde Lori y yo teníamos en venta nuestra camioneta familiar. El Espíritu Santo me dijo que debíamos donar la camioneta a esa pareja para ayudarlos con el proyecto. Inmediatamente discutí en contra de la idea, porque planeábamos usar el dinero de la venta para irnos de vacaciones. Cuando llegamos a casa, le comenté a Lori sobre el proyecto de misión, y de inmediato me dijo que debíamos darles la camioneta para ayudarlos a financiar el proyecto. Comencé a llorar, porque comprendí que el Espíritu Santo le había dicho a ella lo mismo que a mí, pero yo había sido tan egoísta que ni siquiera se lo había mencionado. Llamamos a la pareja y les explicamos nuestro plan. Estaban muy sorprendidos, porque justamente ese día ellos habían vendido su auto para comprar los boletos de avión para el viaje de misión. Cuando vinieron a buscar la camioneta, tuvimos oportunidad de hablar por un rato y conocernos.

Antes de partir, nos preguntaron si teníamos algún pedido de oración para que oraran por nosotros. Les conté que había luchado con mi adicción a las drogas por alrededor de veinte años, y que les agradecería si me recordaban en sus oraciones. Se miraron uno al otro y me hicieron algunas preguntas. Les dije que a menudo sentía como si no tuviese opción, que tenía que fumar marihuana para poder tener algo de paz. Lo que me dijeron a continuación me sorprendió. Les parecía que un demonio de adicción tenía control sobre mí. Yo sabía que era adicto a las drogas, pero no creía estar poseído por un demonio. Se ofrecieron a orar por mí. Les comenté que muchas personas, incluidos más de un pastor y algún ministro, habían orado por mí varias veces, pero que nunca parecía ayudar. Me preguntaron si alguno había intentado echar fuera un espíritu maligno o liberarme de las garras de las fuerzas demoníacas. Dije no, y comencé a preguntarme quiénes eran estos dos extraños.

Los cuatro nos pusimos de pie en un círculo y nos tomamos de las manos. El marido oró primero, y aunque mis ojos estaban cerrados, yo veía lo que parecían brazos moviéndose alrededor de mi cabeza. Pensé que se habían soltado de las manos y que estaban moviéndolas alrededor de mi cabeza por alguna razón. Empecé a distraerme y a desear que dejaran de hacerlo para poder concentrarme en la oración. A medida que la oración continuaba, las manos se movían más frenéticamente, y llegué a pensar que mi esposa se les había unido, pero me rehusaba a abrir los ojos.

Su esposa comenzó a orar, y las sombras de aquellos movimientos que veía a través de mis párpados se movían tan rápido alrededor de mi cabeza, que ya no pude distinguirlos más. Ella dejó de orar a Dios y entonces ambos le ordenaron a los espíritus malignos que se fueran en el nombre de Jesucristo. Inmediatamente, los movimientos sombríos desaparecieron. Le pidieron al Espíritu Santo que viniera y nos llenara a mi esposa y a mí, y pude ver que ahora había una luz brillante sobre nosotros. La pareja dejó de hablar y abrí los ojos y miré. Esperaba ver que el aplique de la luz, que estaba justo sobre nosotros, hubiera sido encendido, pero no era así, y todos estaban aún tomados de las manos. Sabían que yo estaba sorprendido, y me preguntaron qué pensaba. Les dije:

—Vi unas manos moviéndose alrededor de mi cabeza.

—Yo también las vi —dijo Lori—, pero abrí los ojos y no había nada allí.

—También vi una luz brillante después de que le ordenaron al espíritu malo que se fuera y le pidieron al Espíritu Santo que viniera —dije.

Tuve un gran sentimiento de paz que no puedo explicar, y también lo tuvo mi esposa. Cuando la pareja se marchó, Lori me preguntó si había sentido la "electricidad" que pasaba a través de las manos, como ella. Yo también la sentí, y había notado que la mano de Lori comenzó a temblar, lo que también me asombró. Otra cosa que me intrigó es que mientras el marido oraba, la esposa calmadamente hablaba en lenguas, y mientras ella oraba, el marido también hablaba en lenguas. Esta era la segunda vez en mi vida que escuchaba algo así, y estaba seguro de que mi esposa nunca lo había escuchado. Le pregunté a Lori qué pensaba sobre el tema de "hablar en lenguas", y ella no sabía de qué le hablaba, así que le mostré en La Biblia lo que sucedió en el día de Pentecostés. Le expliqué que ese era el lenguaje extraño en el que ellos susurraban mientras uno de los dos oraba. Una vez más ella me dijo que no había escuchado nada extraño. Me contó que escuchaba a la señora murmurar, pero lo que decía era: "Te amamos, dulce Jesús" y "Ven a nosotros, Jesús", y cosas así.

Por la mirada que tenía en sus ojos, podía ver en mi esposa que hablaba muy seriamente. Le dije que también los había escuchado susurrar, pero que lo hacían en un idioma que no podía comprender. Llamé a la pareja y le pregunté a la esposa si habían hablado en lenguas cuando estuvieron en mi casa. Me respondió: "Por supuesto". Le pedí que hablara con Lori. Después de colgar el teléfono, Lori tenía una mirada perpleja en su rostro. Abrí La Biblia en 1 Corintios, capítulo 12 y le leí la porción acerca de los dones del Espíritu Santo y sobre uno de ellos, el don de interpretación de lenguas. Le dije que esta era la única explicación posible para lo que ella había escuchado en comparación con lo que yo oí.

Al día siguiente asistimos al grupo de estudio bíblico y contamos lo que nos sucedió. Uno de los miembros me preguntó si me sentía diferente. Le respondí que me sentía en paz y que no había tenido deseos por las drogas en absoluto aquel día. Esa noche, cuando nos fuimos a dormir, recién apagaba la luz y comenzaba a orar cuando escuché al Espíritu Santo que me habló muy claramente. Me pidió que recordara un sueño que había tenido hacía ya más de dos años. Tenía el sueño escrito en mi lista, pero no necesitaba mirarla para recordar los detalles. Al recordar el sueño (o lo que sería una visión nocturna) comencé a sacudirme violentamente. Encendí la luz e intenté pararme, pero mis piernas temblaban demasiado. Más de dos años antes de que en realidad pasara, Dios me había dado una imagen literal de la pareja orando por mí. Era tan precisa que vi exactamente qué auto conducían. En el sueño, ponían sus manos sobre mi cabeza justo como lo había visto a través de mis párpados cerrados. Por alguna razón, no me acordé de esta visión hasta que el Espíritu Santo me la hizo recordar la noche siguiente.

Este suceso tuvo un profundo impacto en mi vida. Ya no fui adicto a las drogas, no las necesito y definitivamente no siento que no pueda vivir sin ellas. Además, ese día, mi esposa y yo recibimos una llenura fresca, unción o bautismo del Espíritu Santo (según sea la terminología con la que te sientas más cómodo). Esto ha enriquecido enormemente nuestro matrimonio y nuestras vidas. Casi inmediatamente Dios proveyó muchas oportunidades para que ayudemos a otros.

Echar fuera demonios me parecía extraño al principio; si te pasa lo mismo a ti, te aliento a que, por favor, leas los primeros cuatro libros del Nuevo Testamento y veas cuántas veces es mencionado este tema. Si hablar en lenguas también es extraño para ti, lee 1 Corintios y observa lo que La Biblia tiene para decirte. Si tienes preguntas sobre el bautismo o la unción del Espíritu Santo, lee el libro de los Hechos. Estas fueron todas cosas de las que yo nunca había escuchado hablar en la iglesia, pero cuando leí La Biblia, estaban todas allí.

Santificación

Después de mi liberación (el proceso de echar fuera los demonios), el Señor siguió enseñándome lecciones valiosas sobre la santificación. Esto es el proceso continuo de purgar el pecado de la vida de un cristiano. Tanto en las profecías del Antiguo Testamento como en el cumplimiento del Nuevo Testamento, vemos que Jesús vino para librar a los cautivos. En Juan 8:1-11 Jesús rescató a una mujer de aquellos que iban a apedrearla hasta la muerte, porque había sido atrapada en el acto de adulterio. Luego de salvarla, el Señor le dijo: *"Ahora vete, y no vuelvas a pecar"* . Jesús la libró, pero la amonestó para que tomara mejores decisiones. Si ella decidiera volver a cometer adulterio, habría perdido su derecho de ser libre o incluso de permanecer con vida. Solo pensar en un prisionero que es liberado de la cárcel y luego regresa por su propia decisión nos suena ridículo. Pero esto es exactamente lo que le ocurre a mucha gente.

No quiero engañar a nadie: mi liberación fue nada menos que un milagro. El Señor borró por completo mi ardiente deseo de drogas. Pero aún debo contender con mi carne pecadora; veinte años de hábitos y una multitud de amigos que todavía estaban cerca para influenciarme. El Señor no había puesto ningún campo de fuerza alrededor de mí que me apartara de las drogas; yo tenía libre albedrío para elegir lo bueno o lo malo. La Biblia deja en claro que nuestra lucha con el pecado no es una decisión de una sola vez, sino una batalla continua.

Por lo demás, hermanos, les pedimos encarecidamente en el nombre del Señor Jesús que sigan progresando en el modo de vivir que agrada a Dios, tal como lo aprendieron de nosotros. De hecho, ya lo están practicando. Ustedes saben cuáles son las instrucciones que les dimos de parte del Señor Jesús. La voluntad de Dios es que sean santificados...

—1 Tesalonicenses 4:1-3

Pero Dios es fiel, y mientras buscamos hacer lo que es correcto, podemos confiar en que Él nos ayudará a atravesar nuestras luchas cotidianas. Filipenses 1:6 dice: *"Estoy convencido de esto: el que comenzó tan buena obra en ustedes la irá perfeccionando hasta el día de Cristo Jesús"*.

Escape de la tentación

Las pocas veces que fumé marihuana después de que esa pareja oró por mí, se convirtieron en objeto de lecciones para mí. El Señor utilizó estas ocasiones para enseñarme lo que sucedería si no evitaba el pecado, los ambientes pecaminosos y las situaciones comprometedoras. Mientras oraba, luego de uno de esos episodios de derrota, el Señor me dio algunos detalles acerca de cómo prevenir que esto volviera a ocurrir. Me contó nuevamente la historia de Daniel en el foso de los leones, en el libro de Daniel, capítulo 6. Me mostró que cada lugar donde hay drogas es un foso de leones para mí. Lo siguiente que me dijo es que cada uno tiene su propio foso de leones. Cada uno de nosotros tiene algún área o áreas en las que somos débiles y a través de las cuales el diablo aguarda el momento justo para echársenos encima. Algunas veces, esas áreas ni siquiera son el verdadero problema, sino que son un síntoma de alguna cuestión más profunda que debemos reconocer y solucionar con la ayuda de Dios.

El Espíritu Santo me mostró que Dios protegió a Daniel en el foso de los leones porque Daniel no fue puesto allí por su propia elección, sino por la voluntad de Dios. Esa es la razón por la que cuando tuve que trabajar en un lugar donde las personas se drogaban, Dios me protegió y me mantuvo fuerte del mismo modo en que protegió a Daniel. Pero cuando yo decidí entrar en el foso de los leones por mí mismo, como en un evento social, lo hice en contra de la voluntad de Dios, porque Dios no quería que estuviera allí. Él ya me lo había dicho más de una vez. Fue en esas oportunidades cuando Dios dejó que los leones me mordieran, porque actuaba fuera de su voluntad. Para permanecer a salvo, necesitamos vivir dentro de los límites que Dios pone en nuestras vidas.

Comencé a pensar en cómo se aplicaba esto a otras personas que conozco y sus problemas. Tengo un amigo que tiene una fuerte tentación a mirar pornografía. Si utiliza la computadora cuando su esposa no se encuentra en casa, se le hace muy difícil no entrar en sitios pornográficos. La televisión por cable también puede darle la oportunidad de mirar cosas que no debería ver. Para él, el foso de los leones es encender la computadora o mirar la televisión cuando está solo. Sabe cuáles son las tentaciones que tiene y cuán difícil es luchar contra ellas. Tengo otro amigo que sale con una mujer. Él sabe que Dios no desea que tengan sexo hasta que estén casados. Pero ellos se aman y ya han tenido relaciones sexuales, así que es una verdadera lucha no volver a hacerlo. Para él, el foso de los leones es quedarse en la casa de ella a pasar la noche, o quedarse hasta muy tarde cuando los niños ya se fueron a dormir.

Si somos honestos con nosotros mismos, todos podemos aplicar esta verdad en alguna área de nuestras vidas. Cada uno batalla con tentaciones de algún tipo, ya sea sexo, dulces o cualquier otra cosa. Tal vez tenemos amigos con los cuales es fácil chismear; quizá nos llenamos de orgullo cuando hablamos de cierto aspecto de nuestras vidas; o a lo mejor, cuando estamos en la playa, nos es difícil no echar una segunda mirada a una persona atractiva del otro sexo. Tu foso de leones puede no ser tan inaceptable socialmente como el de otra persona, o tal vez sea peor. Pero eso no importa, porque Dios nos dice que todos los pecados son malos y nos separan de Él. Por supuesto, ser tentado no es un pecado. Para pecar debemos ceder a la tentación.

Pero si escogemos ponernos en una situación tentadora, no deberíamos sorprendernos si caemos. Tiene más sentido permanecer fuera de las áreas de tentación. No es una vergüenza salir corriendo. Pablo era mentor de un joven llamado Timoteo a quien le dijo (y también a nosotros) más de una vez que "huyera" de los malos deseos y tentaciones. En otras palabras, ¡aléjate de los leones y de los fosos de leones tanto como puedas! El Señor me mostró por medio de un sueño (y también por experiencia) que, si nos encontramos en el foso de los leones, debemos alejarnos de los leones lo más posible. Aun si las bocas de los leones están cerradas y atadas, es peligroso, y no sería prudente sentirse intrigado por los leones y acercarnos demasiado a ellos. No queremos provocar un ataque, así que ¡no debemos tratar a los leones como mascotas! Pero, recuerda, si es la voluntad de Dios que estés en cierta área o lugar y terminas en un foso de leones, puedes estar seguro de que Él te ofrecerá la protección que necesites. Él te dará más fortaleza, o enviará sus ángeles para que cierren la boca de los leones como lo hizo con Daniel. Tú, como Daniel, tienes la elección de aceptar la ayuda de Dios o de rechazarla.

En este capítulo hemos dado una mirada de cómo Dios usa los ángeles, tanto los buenos como los caídos, para llevar a cabo su voluntad y para hablarnos en nuestra vida diaria. También hemos considerado algunas de las diferentes maneras en que Dios permite al diablo y a sus demonios que nos afecten aquí en la Tierra. No importa cuáles sean nuestras circunstancias, podemos recordar y creer lo que Dios nos dice en Romanos 8:28: *"Ahora bien, sabemos que Dios dispone todas las cosas para el bien de quienes lo aman, los que han sido llamados de acuerdo con su propósito".*

Tu turno

Escribe acerca de las veces en tu vida en que Dios envió un ángel para ayudarte o para asistirte. Pudo ser en una situación física o espiritualmente peligrosa. Puede ser que te hayas dado cuenta de que se trataba de un ángel en el mismo momento, o más tarde.

Escribe sobre aquellas veces en tu vida en que viste o sentiste algo que era tan malo que tenía que ser obra del diablo o de uno de sus demonios. Pensamos en estas cosas, no para detenernos en ellas o exaltarlas, pero sí para ayudarnos a comprender que realmente existen fuerzas del mal en este mundo que debemos combatir.

_____

_____

_____

_____

Conclusión

Cuando comencé a escribir este libro, hace algunos años, pensé que se trataría solamente de las diferentes maneras en que Dios habla con las personas. Lo que Dios me ha mostrado durante el proceso de escribirlo es que Él tenía mucho más en mente para que yo lo comunicara. Aquí tenemos un repaso de los ocho capítulos:

1. Dios habla a gente común
2. Dios habla por medio de oraciones respondidas
3. Dios habla por medio de La Biblia
4. Dios habla por medio de La Palabra hablada
5. Dios habla por medio del Espíritu Santo
6. Dios habla por medio de designios y circunstancias
7. Dios habla por medio de sueños y visiones
8. Dios habla por medio de ángeles.

Cuando las miré como un todo, estas ocho verdades son una imagen completa de todo lo que implica tener una relación saludable con Dios. Él desea que nuestra relación con Él cubra cada área y aspecto de nuestras vidas, incluyendo nuestro despertar y nuestro descanso. Solo nuestro Dios es tan asombroso que usa la analogía de un marido y una esposa para describir nuestra relación con Él.

Dios no es una deidad que se encuentra lejos en el cielo. Él es un Dios real, vivo y activo. Está tan activo hoy como lo estuvo cuando La Biblia fue escrita. ¡Todavía sigue hablando con las personas comunes, y desea tener una relación recíproca con nosotros!

Adorar verdaderamente a Dios es tener una relación cercana, íntima con Él. Para tenerla, necesitamos sumergirnos en su presencia y pasar tiempo conociéndolo. Esto sucede durante la oración y la alabanza; sucede cuando leemos La Biblia y estudiamos su Palabra; también pasa cuando examinamos nuestras vidas y reflexionamos en todo lo que Él ha hecho y hace en nosotros, por el amor que nos tiene. Cuando nos sumergimos en su presencia, vemos las llamadas coincidencias y el destino como lo que realmente son: circunstancias controladas por Dios. Comprendemos que algunos sueños o visiones que tuvimos venían de Dios, para nosotros y por nosotros. Podemos discernir cómo fuimos y somos protegidos por Dios durante algunas situaciones física y espiritualmente peligrosas.

Una vez tras otra

Como es comprobado en los Evangelios, Jesús se tomó el tiempo para orar con frecuencia. Efesios 6:18 nos dice que oremos *"en todo momento"*. En 1 Tesalonicenses 5:17 se nos exhorta: *"oren sin cesar"*. Cuando comenzamos a orar todo el tiempo, descubrimos que no solo estamos pidiéndole a Dios que conceda nuestras peticiones o que nos bendiga. Terminamos alabándolo y agradeciéndole por ser un Dios tan santo y maravilloso. Esto nos lleva a orar más seguido para que su voluntad se cumpla. Entonces, cuando pedimos algo que está dentro de su voluntad y Él lo concede, lo vemos más claramente y lo apreciamos más realmente. Esta clase de constancia, una vez tras otra, es más importante para edificar nuestra relación con Él que leer un libro de autoayuda o escuchar una predicación.

Cuando comprendes que el hacedor de este universo realmente te ama y desea tener una relación íntima contigo, ¡es asombroso! Tu vida cambiará, y también cambiará tu manera de pensar y de vivir tu vida. Una persona que tiene esta clase de relación cercana y saludable con el Señor, se encontrará a sí misma deseosa de ir a la iglesia y de hacer cosas para servirle en un espíritu de alabanza y adoración. ¡No será un deber o una tarea, sino un deleite! Otros notarán que hay algo diferente en ti, algo deseable y atractivo. Cuando tu vieja naturaleza muera y te sometas a la nueva naturaleza impulsada por el Espíritu Santo, serás ungido para vivir la vida que Dios desea para ti.

Si deseas tener una relación más íntima con el Dios viviente y quieres oír su voz, o escucharla más claramente o más a menudo, entonces sigue las diez sugerencias bíblicas que vienen, a continuación, para ayudarte en tu viaje. Estos no son ingredientes de una fórmula mágica; son meras herramientas que te ayudarán a invitar conscientemente al Señor a cada área de tu vida. Jeremías 29:13 dice: *"Me buscarán y me encontrarán, cuando me busquen de todo corazón"*. Por favor, recuerda que cualquier paso que des para acercarte al Señor debe ser dado por amor y admiración a Él, no por obligación y, definitivamente, no por un sentido de justificación. El Señor me ha mostrado más de una vez que cuando hago lo correcto pero por la razón equivocada, actúo como los fariseos de los días de Jesús.

1. Humíllate ante Dios

Si deseas tener una relación íntima con Él, este punto es crucial. En el capítulo 12 del libro de Números se nos dice que la razón principal por la que Dios hablaba directamente con Moisés, era porque él era el hombre más humilde entonces vivo. Humillarte verdaderamente ante Dios es comprender que no importa cuán "bueno" seas, no será suficiente para ganar la salvación o su amor. Estas cosas son regalos gratuitos de su gracia y misericordia. Isaías 64:6a dice: *"Todos somos como gente impura; todos nuestros actos de justicia son como trapos de inmundicia"*. Romanos 3:12 dice algo bastante similar: *"Todos se han descarriado, a una se han corrompido.*

No hay nadie que haga lo bueno; ¡no hay uno solo!" Es triste decirlo, pero aún hoy encontramos que mucha gente de la iglesia, entre otros, lucha con estas verdades como en los tiempos de Jesús.

Proverbios 9:10 dice: *"El comienzo de la sabiduría es el temor del Señor; conocer al Santo es tener discernimiento"*. El Salmo 128:1 declara: *"Dichosos todos los que temen al Señor, los que van por sus caminos"*. Este tipo de temor es un temor saludable, no uno paralizante. La Biblia describe un sentimiento de reverencia o asombro por el Señor. Proviene de una actitud humilde y de saber que Dios está en control de todo y que somos responsables ante Él por todo lo que hacemos o decimos. Él es Señor y dueño de todo, aunque no lo sepamos o aunque no lo creamos.

2. Quédate quieto ante el Señor

El Salmo 46:10 dice: *"Quédense quietos, reconozcan que yo soy Dios. ¡Yo seré exaltado entre las naciones! ¡Yo seré enaltecido en la tierra!"* Para estar quietos delante de Dios, tenemos que deshacernos de todas las otras distracciones. Para ayudar a cultivar una relación íntima con el Señor, necesitamos apartar específicamente un tiempo cada día en el que podamos deshacernos de todo ruido de fondo en nuestras vidas. Estos ruidos de fondo pueden incluir la televisión y la radio, otras personas, la computadora, el teléfono y todo lo demás que pueda distraernos de escuchar el suave murmullo del Señor. Leemos en La Biblia que Jesús se tomó tiempo para estar solo con Dios en forma regular; y si Él tuvo que hacerlo, ciertamente nosotros debemos hacerlo también.

3. Comienza tu día con el Señor

A menudo, en Las Escrituras, Dios habla acerca de que desea nuestras "primicias". Formar el hábito de darle a Él las primicias de cada día te ayudará drásticamente en el viaje para poder escuchar a Dios cuando te habla. Establece el curso del resto del día. Prepara una rutina estable que se transforme en un hábito.

No me refiero a que siempre digas las mismas oraciones y leas los mismos versículos todos los días, sino a que encuentres un tiempo y un lugar de forma regular para adorar a Dios a diario, y humildemente esperar para oír su voz. Si piensas que no tienes suficiente tiempo para hacer de esto un hábito cotidiano, necesitas entender su importancia. Precisamos hacernos tiempo para Dios. Dios no solo espera ser el primero en nuestras vidas, sino que también merece un lugar superior. Una relación con Jesucristo es lo único que cumplirá nuestros más profundos anhelos aquí en la Tierra, y es lo único que nos permitirá entrar al cielo. ¿Qué puede ser más importante que eso? Esta relación hace la diferencia con respecto a dónde pasarás la eternidad. ¡El sometimiento al Señor es un pequeño precio que pagar si consideramos que la eternidad durará por siempre! *"Enséñanos a contar bien nuestros días, para que nuestro corazón adquiera sabiduría"* (Salmo 90:12).

4 y 5. Agradece y alaba a Dios diariamente

El Salmo 100:4 nos dice: *"Entren por sus puertas con acción de gracias; vengan a sus atrios con himnos de alabanza; denle gracias, alaben su nombre".* Nos habla de pasar por sus puertas "externas" dando gracias. Nos dice que lo siguiente es entrar a sus atrios "internos" alabándolo. El segundo paso (alabar) es más personal que el primero (agradecer), y este, por lo tanto, nos lleva más cerca de Dios y nos conecta más íntimamente con Él, pero ambos son importantes en la relación con Dios.

6. Estudiar Las Escrituras

Leer La Biblia durante este tiempo personal con Dios es fundamental. A través de Las Escrituras aprendes quién es Él y de qué se tratan sus cosas. Depende de ti la forma que escojas para leer La Biblia; puedes comenzar por el principio, por el medio o solo abrir La Biblia y empezar a leer donde se posen tus ojos. El método de elección de dónde leer no es tan importante como el hecho mismo de hacerlo. Te sorprenderás de cuán seguido algo que lees por la mañana se convierte en un punto relevante durante tu día o en el futuro muy cercano. ¡La Palabra de Dios está viva! He escuchado a algunas personas decir que no conocen La Biblia lo suficiente como para entenderla, así que no la leen. Esto es como decir que, como un bebé no sabe caminar, tampoco debería intentarlo. Con las traducciones modernas y los estudios bíblicos que tenemos disponibles hoy, la mayoría de la gente puede obtener un gran entendimiento y estudiar a su manera La Biblia con un mínimo esfuerzo. Por supuesto, para mantener una perspectiva honesta, debemos comprender que, mientras estemos en esta Tierra, no podremos llegar a entender completamente todos los misterios de Dios. Debido a que somos humanos y que Él es Dios, simplemente no podemos desentrañar plenamente cómo piensa, actúa o hace lo que Él hace.

Porque conocemos y profetizamos de manera imperfecta; pero cuando llegue lo perfecto, lo imperfecto desaparecerá. Cuando yo era niño, hablaba como niño, pensaba como niño, razonaba como niño; cuando llegué a ser adulto, dejé atrás las cosas de niño. Ahora vemos de manera indirecta y velada, como en un espejo; pero entonces veremos cara a cara. Ahora conozco de manera imperfecta, pero entonces conoceré tal y como soy conocido.

—1 CORINTIOS 13:9-12

7. Pasa a diario un tiempo con Dios en oración

Un aspecto importante de nuestro tiempo con Dios es la oración; esta incluye oraciones, acciones de gracias y alabanza. Después de que hayas comenzado con este modelo, podrás continuar con oraciones por otros, también con oraciones por tus propias preocupaciones y para pedir que la voluntad de Dios se cumpla. Cuando le preguntaron a Jesús cómo debíamos orar, Él nos dio una oración que podemos usar como patrón. Es una oración corta, pero las peticiones individuales que forman la oración pueden ser una guía para nosotros en todas nuestras oraciones. Es conocida como la oración del Señor:

Padre nuestro que estás en el cielo, santificado sea tu nombre, venga tu reino, hágase tu voluntad en la tierra como en el cielo. Danos hoy nuestro pan cotidiano. Perdónanos nuestras deudas, como también nosotros hemos perdonado a nuestros deudores. Y no nos dejes caer en tentación, sino líbranos del maligno.

—MATEO 6:9-13

8. Usa un devocional diario.

Aunque en La Biblia no se habla de esto, muchas personas han descubierto que es algo útil utilizar un devocional ya impreso durante este tiempo diario de quietud con Dios. Por lo general, un devocional es un pequeño libro dividido en la cantidad de días del año, para cada uno de los cuales contiene un versículo de La Escritura, una historia, una oración y/o un poema que se relaciona con el versículo. Existen varios devocionales diarios disponibles que cubren un número ilimitado de temas, estilos y también extensiones. Es una cuestión de elección personal, no es un mandato para tener una relación estrecha con Dios, aunque algunas personas lo hallarán útil porque está estructurado y relaciona ciertos versículos de La Biblia con un mensaje.

Nuestro caminar cristiano con Dios es una edificación o maduración continua de nuestra relación personal con Él. No deberíamos estancarnos en nuestra unión con el Señor; deberíamos esforzarnos para progresar. Como escribió Pedro: *"Más bien, crezcan en la gracia y en el conocimiento de nuestro Señor y Salvador Jesucristo"* (2 Pedro 3:18a). ¡Conformarnos con una relación con Dios mediocre es disponernos para algo mucho menor a lo que Él nos ofrece! En Ezequiel 37:1-14 encontramos una visión que el escritor tuvo acerca de un valle lleno de huesos secos. Dios le mostró a Ezequiel que solamente Él podía volver a darle vida a esos huesos. Esta analogía se refirió inicialmente a los hijos de Israel, pero también se aplica a nosotros. Si nuestra relación con Dios puede ser comparada con los huesos secos, no debemos temer, porque el Señor puede volverla a la vida y hacerla mejor. Podemos pedirle a Dios este milagro y Él responderá nuestra oración tan pronto como lo deseemos y lo busquemos a Él en fe.

Jesús dijo en Mateo 22:37-38 que el mandamiento más grande es: *"Ama al Señor tu Dios con todo tu corazón, con todo tu ser y con toda tu mente"*. ¡Dios valora nuestra relación con Él sobre todo lo demás! Jesús también dijo que nuestro corazón está donde está nuestro tesoro (ver Mateo 6:21). En ese momento Él hablaba del dinero, pero sus palabras se aplican también a otras cosas, incluida nuestra relación con Dios. Todos necesitamos mirar nuestras vidas y ver dónde están nuestros tesoros. Durante la semana, ¿pasamos más tiempo mirando televisión, practicando nuestro pasatiempo favorito o haciendo alguna actividad placentera, que cultivando nuestra relación con Dios? ¿En qué gastamos nuestro dinero, o a quién le pagamos primero? Estas pueden ser preguntas muy incómodas, pero también nos ayudan a identificar nuestras prioridades, nuestros "tesoros".

Un pastor me habló una vez de una técnica para atrapar monos en África. Un cubo es anclado a la tierra, se llena con pasas de uvas y luego se cubre con una tapa que tiene un pequeño agujero cortado en él. El mono huele las pasas, baja del árbol y luego mete su mano en el cubo a través del pequeño agujero. El mono agarra un puñado de pasas, pero, con su puño cerrado, no puede sacar su mano del pequeño agujero que está en la tapa de cubo y escapar. El "cazador de monos", entonces, puede caminar hacia donde se encuentra el mono y atraparlo, porque este se rehúsa a dejar caer las pasas. El mono puede quedar libre, ¡pero elige no hacerlo! ¿Cuán seguido somos como este mono? Al diablo le encanta atraparnos de una manera muy similar, y entonces, perdemos nuestra libertad así como las bendiciones que Dios tiene para nosotros. Esto sucede cuando tomamos algo de este mundo y no queremos dejarlo, sin importar el costo; como dijo Jesús, se transforma en nuestro "tesoro". Como el mono, ¡muy a menudo no nos damos cuenta de lo peligroso de nuestras acciones!

Tal vez sea nuestro tiempo lo que es valioso para nosotros. Al final de la semana, hemos pasado más tiempo mirando televisión o haciendo algo que nos gusta, que el tiempo que ocupamos leyendo La Biblia u orando. Quizá sea un pecado al que nos acostumbramos porque lo justificamos. Decimos: "Todos los demás lo hacen, y además, no veo qué tiene de malo". O podemos decir: "Yo me merezco esto". O decimos: "Soy así, no puedo evitarlo". Puede ser nuestro dinero lo que no queremos dejar. Hemos trabajado mucho para obtenerlo y es muy fácil reclamarlo como algo de nuestra propiedad; por lo tanto, lo usamos como queremos. Nos olvidamos muy rápidamente de que todo lo que tenemos es un préstamo por parte de Dios. Por ejemplo, nombra una sola posesión que puedas llevarte contigo cuando mueras. El Señor dice en Job 41:11b: *"¡Mío es todo cuanto hay bajo los cielos!"*

Dios nos dice muchas veces en La Biblia que seremos recompensados cuando "dejemos" todo lo demás y verdaderamente lo sigamos. Una vez que nuestras manos dejan de aferrarse a todo de forma egoísta y las abrimos a Él, Él puede llenarlas con sus bendiciones para nosotros. *"El Señor recorre con su mirada toda la tierra, y está listo para ayudar a quienes le son fieles"* (2 Crónicas 16:9a). De modo que cada uno de nosotros tiene que preguntarse: "¿Estoy plenamente comprometido con el Señor?" Tener una relación saludable con el Señor no ocurre por accidente. Es intencional; debemos trabajar y dedicarnos a ella. Debemos tomar la decisión de "morir" a diario a nosotros mismos y entonces "rendirnos" al Espíritu Santo. Esto es lo que significa Gálatas 2:20: *"...ya no vivo yo sino que Cristo vive en mí..."*. Cuando comencemos a vivir por Cristo, Dios nos recompensará con una amistad que es más emocionante y completa de lo que la mayoría de las personas alguna vez puedan imaginar. Entra en cada área de nuestras vidas y nos cambia de adentro hacia afuera. Esta clase de unión íntima con Dios nos permite escuchar su voz regularmente y nos da la habilidad para reconocerla o discernirla.

Si te separaras de un amigo muy cercano en medio de una gran multitud, ¿reconocerías la voz de tu amigo si comenzara a llamarte? ¡Por supuesto que sí! ¿Por qué? Porque conoces cómo suena su voz; estás familiarizado con ella. Tener una relación cercana con Dios es así. La vida en general es como estar en un área atestada de gente. Tenemos muchas distracciones y cosas que luchan por nuestra atención. Pero cuando hemos pasado un tiempo tras otro con Dios y lo conocemos, reconocemos su voz en la multitud, por sobre todas las distracciones de la vida. Jesús lo dijo de esta manera: *"Mis ovejas oyen mi voz; yo las conozco y ellas me siguen"* (Juan 10:27). Es reconfortante saber que, cuando tenemos esta relación íntima con Dios, no solo conocemos su voz, sino que Él también nos conoce a nosotros y nuestras voces.

> *A pesar de todo, el fundamento de Dios es sólido y se mantiene firme, pues está sellado con esta inscripción: "El Señor conoce a los suyos", y esta otra: "Que se aparte de la maldad todo el que invoca el nombre del Señor".*
>
> —2 TIMOTEO 2:19

La segunda parte de este versículo nos lleva a nuestro siguiente paso.

9. Obedecer al Señor.

La Biblia nos habla en muchos lugares sobre la obediencia Es un aspecto esencial de nuestra relación con Dios. Juan escribió que, en realidad, la obediencia prueba que lo conocemos: *"¿Cómo sabemos si hemos llegado a conocer a Dios? Si obedecemos sus mandamientos"*

(1 Juan 2:3). Cuanto más llegamos, verdaderamente, a conocer a Dios y quién es Él, nos resulta más fácil identificar las áreas de insuficiencia y pecado en nuestras vidas. Esta es una de las razones por las que la gente se refiere a este proceso como madurar en la fe cristiana. Esto no quiere decir que solo la edad promueve esto; antes bien, el tiempo dedicado seriamente a Dios y nuestra entrega continua a esa relación es el principal camino para llegar a ser maduros en el Señor.

Sabemos que La Biblia dice que todos somos pecadores. Cuando comprendemos esta importante verdad, estamos en la ruta correcta para humillarnos, lo que nos llevará a la obediencia. Nunca seremos perfectos mientras vivamos en esta Tierra, pero eso no significa que no debamos procurar seguir la voluntad de Dios para nuestras vidas. La única forma en la que podemos hacer esto es crucificando diariamente nuestra vieja naturaleza y sometiéndonos a nuestra nueva naturaleza. Cuando pecamos, debemos pedirle perdón a Dios. Jesús murió en la cruz para pagar por nuestros pecados. Él nos ofrece perdón en su amor, su misericordia y su gracia por nosotros. Después de haber pedido y recibido su perdón, necesitamos hacer cada esfuerzo posible para volver a seguir su voluntad para nuestras vidas. A menudo es un ciclo repetido en la vida de un cristiano; pero a medida que maduramos, estos ciclos se vuelven menos frecuentes. Este es el proceso de santificación en acción.

Nuestra naturaleza humana y el diablo nos tientan para que seamos desobedientes. Pero la fe que tenemos en Jesucristo como nuestro salvador personal nos trae salvación, y ser activamente obedientes a Él prueba que nuestra fe es genuina. La Biblia nos dice que no podemos ganar nuestra entrada al cielo solo siguiendo las reglas, sino que nuestra fe verdadera en el Señor debe resultar en obediencia y en una vida cambiada. Todos tenemos áreas en nuestras vidas en las que somos tentados para pecar. No es fácil dejar un viejo hábito o cambiar nuestra forma de vivir, pero Dios nos da la fortaleza para hacerlo. Nos ofrece ayuda de varias maneras: por medio del poder que habita en el Espíritu Santo, por medio del poder de la oración, por medio de la santa comunión y por medio de la comunión con otros creyentes. Asistir regularmente a la iglesia puede proveernos de todas estas cosas en un lugar y en el mismo momento.

Si luchas con una tentación determinada, intenta lo más posible evitar cualquier circunstancia con la que esté asociada. ¡Permanece fuera del foso de los leones si no quieres ser mordido! Cuando nos mantenemos lejos de las situaciones tentadoras, es más fácil no caer en el pecado. En 2 Corintios 10:5 dice que otra manera de evitar pecar es llevar todo pensamiento cautivo para que se someta a Cristo. Esto quiere decir que tratamos de detener un modelo de pensamiento pecaminoso antes de que cause que pequemos. Por ejemplo, no echar una segunda mirada a una persona atractiva del otro sexo conscientemente, puede prevenirnos de tener un pensamiento lujurioso, el cual podría derivar en una fantasía, y de allí, llevarnos a una acción pecaminosa. Para esto necesitamos dejar que el poder del Espíritu Santo trabaje regular y efectivamente en nuestras vidas.

Es posible que un pecado que prevalece en una persona que lucha contra él, pueda ser causado por un demonio o espíritu maligno que tiene sus garras sobre esta persona. Dios está dispuesto a liberar a la gente de este poder hoy, así como lo hizo en La Biblia. He descubierto que esta situación está demasiado enfatizada en algunos círculos y completamente desacreditada en otros. Mi creencia es que deberíamos tener un acercamiento bíblicamente equilibrado sobre este tema. Necesitamos ser honestos unos con otros, y con nosotros mismos. Si hay algo que es simplemente una obra pecadora de la carne, así es; pero si es demoníaca por naturaleza, tenemos que reconocerlo de igual manera. En cualquier caso, todos somos responsables por nuestras propias acciones pecadoras. Me complace decirte que, después de mi propia "liberación", he tenido oportunidades de ver a otras personas ser libres de los lazos de las fuerzas del mal. Ver cómo ocurren estas cosas con tus ojos es algo así como un "chequeo de realidad espiritual". Escuchar a un demonio hablar desde adentro de una persona, es una experiencia aleccionadora que no puede ser descripta con palabras.

Algunas personas piensan que los cristianos no pueden tener demonios que vivan dentro de ellos. Esta línea de pensamiento dice que los demonios pueden afectar a los cristianos solamente desde afuera. Admito que no sé todo, pero puedo decirte que personalmente he escuchado hablar a los demonios desde adentro de personas que sé que son cristianos. He visto estas y otras manifestaciones físicas de demonios en cristianos durante el proceso de echar fuera a los demonios. No puedo decirte que comprendo plenamente cómo funciona esto, pero creo que tiene que ver con el hecho de que somos seres tripartitos. En 1 Tesalonicenses 5:23 se nos dice que estamos formados por espíritu, alma y cuerpo. Como cristianos, sabemos que estamos "poseídos" o que somos propiedad de Dios solamente. Por lo tanto, el diablo no puede "poseer" o apropiarse de un cristiano; pero la experiencia muestra que un demonio puede habitar en nuestra carne, pensamientos y emociones una vez que la puerta ha sido abierta para que entre.

No quiero darle a él más crédito o atención de la que merece, pero precisamos recordar que el diablo y sus demonios son poderosos y astutos. Siempre tratan de hacernos tambalear y sacarnos del camino para que nos perdamos o seamos infructuosos. Como hemos dicho en el último capítulo, el diablo utiliza varias herramientas para lograr esto. Su método más fuerte, el de engañarnos, también parece ser su favorito. Es cuando usa una "verdad" para implementar su mentira, por lo tanto termina siendo una "media verdad". Debido a que hay un elemento de verdad en su mentira, nos confunde y hace que sus planes y trampas sean difíciles de identificar.

Si el diablo puede asustarnos o provocarnos preocupación

sobre un tema o una situación real, entonces planta una semilla de duda. Una vez que empezamos a dudar de Dios, de su misericordia o de su poder, ¡estamos en un gran problema! A veces el diablo utiliza un pasaje de La Escritura y tuerce su verdadero significado o exagera su importancia en relación con el plan o la intención de Dios, y así crea una falsa enseñanza. Muchas personas con buenas intenciones han sido y continúan siendo estafadas por esta táctica engañosa del diablo. O bien, al tratar de hacer que nos concentremos en un problema, tragedia o dificultad real, el diablo nos lleva a la depresión y la desesperación. Una vez que somos sobrecargados con este peso, perdemos nuestra esperanza y gozo, y nos volvemos incapaces de ayudarnos a nosotros mismos o a alguien más. El diablo intentará hacerle creer a la gente que deben confiar en sí mismos para todo. Cuando esta idea de autosuficiencia es llevada a nuestra vida espiritual, no deja espacio para los dones de la gracia y misericordia que nos han sido dados por medio de la muerte de Jesús en la cruz. También niega la autoridad espiritual que tiene el individuo a través del Espíritu Santo para vivir una vida santificada.

Realmente, nuestra verdadera lucha no es contra carne ni sangre, sino contra el diablo y todas sus huestes (ver Efesios 6:10-18). Pablo dijo en Efesios 6 que necesitamos ponernos toda la armadura de Dios para que podamos resistir al enemigo y a sus fuerzas malignas. La armadura incluye el cinturón de la verdad, la coraza de justicia, el evangelio de la paz, el escudo de la fe, el casco de la salvación y la espada del Espíritu. Tenemos que estar siempre alerta y orar en el Espíritu en toda ocasión. Cuando nos ponemos la armadura de Dios, no necesitamos preocuparnos por el diablo. El poder del Espíritu Santo dentro de nosotros nos permitirá vencer.

Existen muchas cosas que el Espíritu Santo puede hacer por nosotros, por medio de nosotros y en nosotros. Jesús nos dijo que enviaría al Espíritu Santo para darnos poder, guiarnos, enseñarnos y fortalecernos. El Espíritu Santo produce frutos en nosotros tales como amor, gozo, paz, paciencia, amabilidad, bondad, fe, humildad y dominio propio (ver Gálatas 5:22-23). El Espíritu Santo también nos imparte dones, que incluyen los de enseñar, profetizar, servir, animar a otros, dirigir, sanar, hablar en lenguas, interpretar lenguas, discernir espíritus. Si bien esta no es una lista exhaustiva, nos da una buena idea de cuán diferentes y variados son los dones que el Espíritu Santo puede darnos (ver 1 Corintios 12; Romanos 12 y Efesios 4 para encontrar las listas de dones espirituales dados en La Biblia).

Todos estos dones y frutos fueron dados para que la Iglesia sea edificada y madure. Nos preparan y nos dan autoridad para ser efectivos en nuestro rol como miembros del Cuerpo de Cristo. Sin el poder activo del Espíritu Santo en nuestras vidas, somos ineficaces, y nuestros intereses carnales son vanos. Quiero animar a cada creyente en Cristo a que ore por la llenura o unción del Espíritu Santo. A Dios le encanta responder esta oración, porque está en línea con su voluntad y porque lo glorifica a Él. Dios puede completar esta llenura de diferentes maneras. El aspecto más importante es que nosotros lo deseemos. Podemos orar para ser llenos, y después de eso, podemos orar regularmente para ser "rellenados hasta el tope". ¡Nunca podremos llegar a tener demasiado del Espíritu Santo! Efesios 5:18 nos dice: "...sean llenos del Espíritu". Dios nos habla muy a menudo por medio del Espíritu Santo. A veces reconocemos enseguida que un pensamiento vino de Él, mientras que otras veces puede ser más complicado discernirlo. Cuanto más estrecha sea nuestra relación con Él, será más fácil para nosotros reconocerlo cuando nos habla. Nuestra vida cristiana evoluciona por esta relación con Dios.

Pablo, quien escribió muchos de los libros del Nuevo Testamento, comparó la vida cristiana con correr una carrera. En 1 Corintios 9:24-27 y en 1 Timoteo 4:7-10, nos dice que debemos entrenarnos con mucha disciplina para poder ganar el premio de la vida eterna. Hacemos esto cuando cultivamos nuestra relación con el Señor al dedicar tiempo para aprender sobre Él, orar y alabarlo. El autor de Hebreos (muchos eruditos piensan que fue Pablo) nos dijo que nos despojemos de todo lo que nos estorba, y de todo el pecado que nos asedia para que podamos terminar la carrera como ganadores (ver Hebreos 12:1). Logramos esto al llevar nuestros pensamientos cautivos y al permanecer fuera del foso de los leones. También somos ganadores cuando confiamos en su poder para ayudarnos a llevar vidas morales, porque no somos capaces de ser obedientes por nosotros mismos. En Filipenses 3:13-14 y en 2 Timoteo 4:7-8, Pablo demuestra perseverancia y escribe acerca de avanzar y esforzarse por alcanzar la meta para ganar el premio de la vida eterna. Esto nos muestra que ser un cristiano no siempre será fácil. Tendremos que ponernos a trabajar y pelear contra las fuerzas del mal con todas las herramientas que Dios nos da. Aunque a veces se torne en una difícil lucha, ¡el premio es digno del esfuerzo!

10. Fijar tus ojos en Jesús

Fijemos la mirada en Jesús, el iniciador y perfeccionador de nuestra fe, quien por el gozo que le esperaba, soportó la cruz, menospreciando la vergüenza que ella significaba, y ahora está sentado a la derecha del trono de Dios. Así, pues, consideren a aquel que perseveró frente a tanta oposición por parte de los pecadores, para que no se cansen ni pierdan el ánimo.

—HEBREOS 12:2-3

La recomendación de fijar nuestros ojos en Jesús bien podría ser el consejo más valioso que La Biblia nos da. Nuestro Señor y Salvador es la única persona con la que verdaderamente podemos contar en esta vida. En algún punto, nuestra salud nos fallará. Otras personas nos decepcionarán. Nuestras circunstancias se tornarán amargas. Nos daremos cuenta de que algunas veces ni siquiera podremos contar con nosotros mismos. Cuando inevitablemente estas cosas sucedan, siempre podremos fijar nuestros ojos en Jesús. Él es por siempre fiel y amoroso. Nuestra supervivencia como cristianos depende del conocimiento que tengamos del valor de esta verdad. No podemos confiar en las emociones o los sentimientos, sino solo en la verdad de quién es Jesús y qué hizo por nosotros. *"¿Quién es el que vence al mundo sino el que cree que Jesús es el Hijo de Dios?"* (1 Juan 5:5).

Probablemente conoces a alguien que no cree que Jesús sea el único camino hacia la vida eterna en el cielo. Tal vez ni siquiera tú lo crees. La Biblia tiene lo siguiente para decir sobre este tema: *"El mensaje de la cruz es una locura para los que se pierden; en cambio, para los que se salvan, es decir, para nosotros, este mensaje es el poder de Dios"* (1 Corintios 1:18). Jesús le dijo al pueblo que Él era Dios. Dijo que si no podían creerlo solo por haberlo dicho, entonces lo creerían por los milagros que hizo (ver Juan 14:6-14). En Hebreos 2:3-4 leemos que Dios el Padre testifica el mensaje de salvación por medio de Jesús en forma de señales, maravillas, milagros y dones del Espíritu Santo.

Esta verdad se aplica a la gente aún hoy. Los milagros se siguen haciendo en el nombre de Jesús y continúan probando que Él es Dios. Si no estás seguro, ¡búscalo a Él y míralo por ti mismo! No podemos exigir a Dios que haga un milagro para nosotros como señal, pero podemos orar y esperar que nuestro Dios todopoderoso haga los milagros que están en su voluntad. Dios no se perjudica. Él ofrece su milagro más grande, el regalo de la vida eterna, a todos aquellos que creen.

Jesús dijo: *"Habrá quienes lleguen del oriente y del occidente, del norte y del sur, para sentarse al banquete en el reino de Dios"* (Lucas 13:29). Enfocarnos en Él puede ser representado visualmente por una cruz. Los detalles de Lucas 13:29 pueden ser representados por una brújula. Si superponemos estas dos imágenes, vemos que combinan perfectamente juntas. La cruz es nuestra verdadera brújula y guía. Solo cuando alineamos nuestra vida con la cruz podemos tomar la dirección correcta en la vida. Cuando vamos por la dirección correcta, tenemos la paz y el gozo que desafían a la razón y a la lógica de este mundo. Cuando estamos alineados con la voluntad que Dios tiene para nuestras vidas, operamos en balance espiritual, porque estamos coordinados con la pura verdad de la cruz.

La línea norte-sur, o línea vertical, representa nuestra relación con el Señor. Cuando estamos en línea con Él y conectados a Él podemos tener relaciones reales y significativas con otras personas. La línea este-oeste, o línea horizontal, representa estas relaciones con otras personas. Si nuestro alineamiento con Dios es interrumpido, podremos ver cómo también afecta nuestras relaciones horizontales. Cualquiera que haya utilizado una brújula en campo abierto podrá decirte que debemos mirarla muy seguido para mantenernos en el camino, porque el terreno cambia. Así sucede con la vida cotidiana: las circunstancias y todo lo que nos rodea cambia, de modo que es fácil perder el camino o salirnos de nuestro alineamiento con Dios, ¡sin siquiera darnos cuenta! Esta es la razón por la que es imperativo que permanezcamos en un contacto cercano con el Señor. Nuestra relación diaria con Él nos mantiene en línea con la voluntad que Él tiene para nuestras vidas.

Si alguna vez intentas usar una brújula dentro de un edificio, o cerca de un objeto grande y metálico, notarás que la aguja de la brújula no funciona bien. Los pilotos y otros viajantes de largas distancias pueden decirte que solo uno o dos grados de desvío causan una gran diferencia en el destino final, o incluso la posibilidad de no llegar al lugar elegido del viaje. Esto es precisamente lo que el diablo y compañía intentan hacer; quieren corrernos del centro de la voluntad de Dios y que saquemos nuestros ojos de Jesús. Ellos saben que aun la más mínima desviación de la pura verdad puede traer efectos drásticos con el tiempo. Cuando Satanás es capaz de manipularnos racionalmente en la toma de decisiones y juicios basados en "medias verdades", nos encontramos en dificultades innecesarias y corremos el riesgo de perdernos. Existen religiones y otras personas en el mundo que utilizan una brújula que no está alineada con la pura verdad espiritual de Dios; estos viajeros no arribarán al mismo destino al que se dirigen aquellos que están enfocados en Jesús.

Mantener el alineamiento con Dios y su voluntad es la única manera de permanecer "balanceados espiritualmente" en esta vida. Es una lucha constante y una batalla cotidiana que conscientemente debemos decidir pelear. Pero cuando hayamos cultivado una relación íntima con el Señor, seremos capaces de discernir su voz por medio de las varias formas por las que Él nos habla. Al someternos a Él, nos disponemos a llevar una vida verdaderamente equilibrada y a permanecer en la voluntad que Él tiene para nosotros.

Procesa lo que has aprendido

A lo largo de este libro, he intentado resaltar las principales maneras y ocasiones en que Dios me habló a mí y a otras personas que conozco. Ruego a Dios que cada persona que lea este libro llegue a comprender que Dios aún habla a gente común todos los días. Él puede hablar de diferentes maneras y en tiempos distintos, pero la verdad es que Él nos habla. Descubre qué se siente al oírlo y qué implica. En Juan 8:47, Jesús nos dijo: *"El que es de Dios escucha lo que Dios dice…"*. Ora y pide discernimiento para tener tus ojos y oídos espirituales abiertos en todo momento. Entonces serás capaz de ver los sucesos de cada día de tu vida como lo que realmente son, batallas espirituales entre el bien y el mal. Aquella vieja caricatura a la que sigo refiriéndome, es realmente una imagen de la realidad espiritual que nos rodea. Hay ángeles y demonios mucho más cerca de nosotros de lo que mucha gente podría pensar. Te aliento a mirar periódicamente lo que has escrito al final de cada capítulo. Agrega a las listas lo que sea necesario a medida que viajas hacia la vida eterna. Usa estas listas para recordarte a ti mismo que Dios te habla específicamente y que desea tener una relación cercana contigo. ¡Tu fe se fortalecerá drásticamente cuando creas y reconozcas esta verdad!

Los gobernantes, al ver la osadía con que hablaban Pedro y Juan, y al darse cuenta de que eran gente sin estudios ni preparación, quedaron asombrados y reconocieron que habían estado con Jesús.

—HECHOS 4:13

Mi oración por todas las personas comunes y corrientes que lean este libro es para que luego de cultivar sus propias relaciones íntimas con Jesús, sus vidas sean cambiadas tan dramáticamente que todos aquellos que los conocen se queden maravillados y reconozcan que tienen una relación con Jesús.

¡Dios habla con la gente común! ¿Lo escuchas?

Epílogo

Como el Señor nos habla, es nuestro deber escuchar. Debes entender que, si decidimos no hacerlo, Él seguirá buscándonos, pero en algún momento tendremos que lidiar con las consecuencias de nuestra desobediencia. El accidente que tuve, el cual narré al principio de este libro, fue una de esas consecuencias.

En la primavera de 2006, aproximadamente ocho meses antes de mi accidente, trabajaba en el domicilio de un cliente y me sentí impulsado a llamar a un amigo cercano que tengo, Ryan Clark. Él fue uno de los pastores de mi iglesia, pero se había mudado a otro Estado, y ahora es el pastor principal de la iglesia en ese lugar. Hablamos por unos momentos, y de pronto interrumpió la conversación para decirme que el Señor recién le había hablado.

—Bueno, ¿qué te dijo? —le pregunté.

—Me dijo que tú tienes que ser evangelista —respondió.

Dejé el teléfono y me dirigí a la parte de atrás del garaje en el que trabajaba, y allí me postré delante del Señor. Comencé a orar y a decirle al Señor que si Él quería que fuera evangelista tendría que decírmelo a mí, no a Ryan. El Señor me respondió muy instantáneamente: "Deja de orar y ponte de pie, AHORA MISMO. ¡Vuelve al garaje y escribe cada una de las veces que te lo había dicho, pero que te negaste a escuchar!"

Volví al garaje y terminé con casi dos hojas de mi cuaderno escritas con las ocasiones y maneras por las que el Señor había intentado guiarme hacia un ministerio a tiempo completo. En ese momento, estaba muy cerca de terminar de escribir este libro, y había llegado a la conclusión de que, cuando el libro estuviera en venta en las librerías, si empezaba a venderse bien, entonces entraría de lleno en el ministerio. Razonaba de esta forma porque ya estaba muy activo en la iglesia, y consideraba que eso era suficiente por ahora. Después de todo, ya era director de evangelismo, miembro del consejo y maestro del estudio bíblico. Esta era mi lógica egoísta, pero no era obediencia.

Unos meses más tarde, fuimos de vacaciones a visitar a Ryan y su familia en Nueva York por primera vez. Mientras estuvimos allí, asistí a una reunión de pastores de muchas denominaciones, que se realizaba semanalmente en su iglesia. Uno de los pastores que pertenecía a este grupo, Ralph Díaz, era conocido por tener un fuerte don profético. Durante el encuentro recibió algunas palabras del Señor para mí. Dijo que este libro se volvería popular y que sería un trampolín para un poderoso ministerio que el Señor iba a levantar. Siguió diciendo que yo vería ángeles en un futuro cercano y que, mientras estuviera allí de vacaciones, conocería a alguien que estaba ungido por el Señor y que sería importante en mi futuro.

Profecía cumplida

Mucho de lo que dijo ya se ha cumplido. Como ya sabes, pude ver ángeles (aunque no fue de la manera en que yo lo había imaginado). El ministerio también comenzó oficialmente y actualmente echa raíces. Mientras estaba en esas vacaciones, conocí a alguien que ha jugado un papel muy importante en mi vida.

Antes de salir de vacaciones había tenido un sueño del Señor acerca de un hombre, y en este sueño, él y yo comíamos juntos alguna clase de pan dulce. Cuando oré para tener la interpretación del sueño, todo lo que obtuve fue que, de alguna manera, el pastor Ryan estaba involucrado. Lo llamé a él la mañana en que había tenido el sueño, y se lo expliqué. Igual que yo, no sabía de qué se trataba.

Cuando llegamos a Nueva York Ryan me presentó a varias

personas. Una de las personas que me presentó ¡era el mismo hombre que había visto en mi sueño del pan dulce! Era Bruce Carlson, el hombre que, meses más tarde, voló a Wisconsin y oró por mi intestino para que creciera en longitud. Cuando lo conocí, no tenía forma de saber que el Señor lo usaría para sanarme después de un grave accidente, pero sabía que el Señor me lo había mostrado en ese sueño por alguna razón importante. Esto cumplió también otra parte de las palabras proféticas que Ralph Diaz había hablado, respecto a que conocería a una persona ungida que sería importante en mi futuro.

Ese verano comencé a tener tantos sueños que llené un cuaderno completo para documentarlos. Muchos sueños trataban acerca de un ministerio futuro, cómo sería, qué cosas lograría y la idea de que solo llegaría después de grandes luchas. Mi falta de obediencia y mi negación a escuchar lo que el Señor me decía en esta área también emergió en la mayor parte de estos sueños. Algunos sueños que tuve eran acerca de mi viejo estilo de vida.

Había estado completamente sobrio por algún tiempo ya, pero ocasionalmente pensaba cómo solían ser las cosas hacía un tiempo. El Señor me explicó que deseaba que yo viviera una vida recta por amor a Él, no solamente para que pudiese decir que seguía todas las reglas. Cuando empecé a sentir que desaprovechaba oportunidades de diversión, perdí completamente de vista el propósito y las razones por las que había cambiado mi vida.

También tuve varios sueños acerca de mi negocio. El Señor me mostró que eso significaba demasiado para mí, y que era la verdadera razón por la que me rehusaba a entrar en el ministerio. Mi dignidad y valor personal se fundamentaban en el hecho de que era bueno en mi ocupación, no en mi relación con el Señor. Valoraba mucho ser independiente y ser dueño de un negocio exitoso. Una y otra vez, el Señor me mostró, por medio de distintos sueños, cómo lo lastimaba el hecho de que yo escogiera algo más fuera de Él.

La gran pregunta

Hacia el final de ese verano, algo muy extraño comenzó a suceder. Varias veces, mientras oraba o leía La Biblia, escuchaba claramente al Espíritu Santo preguntarme si estaría dispuesto a morir para que el Reino del Señor avanzara. Era una pregunta muy concreta y muy chocante para mí, y me negué a responderla. Llamé al pastor Ryan y le conté lo que había escuchado. Se sorprendió de que me hubiese rehusado a responderla. Alrededor de un mes después de hablar con él sobre esto, oraba mientras tomaba una ducha y volvió a ocurrir. Esta vez el Espíritu Santo me dijo que ya había tenido suficiente tiempo para pensarlo y que ahora tenía que responder la pregunta. Antes de contestar, le pregunté: "Señor, ¿cómo podría ser usada mi muerte para que tu Reino avance?" No hubo respuesta. Caí sobre mis manos y rodillas en la ducha y empecé a sollozar. Pensé en muchas cosas, y finalmente respondí. Le dije que estaba dispuesto a morir para que su Reino avanzara.

Pero le hice un pedido: le pregunté si le enviaría a Lori y a los niños otro esposo y padre que los amase aun más de lo que yo los amo. El Señor me contestó al instante: "Lo haré", y entonces supe que era un trato hecho. Seguí llorando, porque pensaba en la ropa de alguien más que estaría en mi armario, otro hombre criando a mis hijos y disfrutando de la compañía de mi esposa. Quería tener algunas respuestas, entonces volví a preguntarle al Señor cómo ayudaría mi muerte para el avance de su Reino. Pero ahora, como ya le había contestado, Él respondió mi pregunta. Me dijo que mi muerte ayudaría a llevar el mensaje de este libro. Pensé en diferentes escenarios, pero no se me ocurría nada que pudiese tener sentido alguno de cómo esto sería posible. El pastor Ryan es la única persona a la que le conté lo que me sucedió ese día en la ducha. Le pedí que, si algo ocurría, cuando sucediera, consolara a mi familia con la promesa que me hizo el Señor.

Dos noches antes del accidente, llegué a casa después de un largo día de trabajo y los niños ya estaban en la cama. Ese día había apartado el camión que terminó cayéndome encima, y luego hice otro pequeño trabajo en otro lugar. Para el momento en que llegué a mi casa, estaba cansado y hambriento, y estaba contento de ver que Lori tenía preparado un plato con la cena para mí. Mientras estaba sentado a la mesa y comía mi comida en silencio, Lori comenzó a hablarme. Lo que dijo me tomó completamente por sorpresa. Me dijo que yo necesitaba terminar con nuestro negocio y dejar de trabajar como mecánico inmediatamente.

—Y ¿quién pagará nuestras cuentas mensuales si dejo de trabajar?

—Eres un hipócrita, porque no confías en Dios, después de todas las veces que te he escuchado decir a otros que confíen en Él —y continuó diciendo—: Estás en desobediencia al Señor por no haber entrado en el ministerio, y lo sabes.

Me enfadé y le dije que me dejara comer mi cena en paz. Pero en lugar de detenerse, se puso más enfática y continuó tratando de convencerme para que dejara de trabajar.

—Es muy fácil para ti decir estas cosas, porque no eres la que tiene que mantener a nuestra familia —le dije.

—Sabemos que Dios cuidará de nosotros si somos obedientes —me respondió.

Di un golpe el mi puño cerrado sobre la mesa y le dije que no quería escuchar otra palabra más. Ella se levantó y me preguntó tres veces: "¿Qué es lo que tiene que pasar para que seas obediente?"

Respuestas

Dos días más tarde, descubrí lo que tenía que pasarme para obedecer. El camión cayó sobre mí y cambió mi vida en innumerables maneras. No puedo decirte con seguridad si Dios permitió que sucediera o si Él lo provocó. Para mí, eso no importa, porque sé que La Biblia dice que el Señor está en control de todas las cosas (ver Efesios 1:11, 20-23 y Colosenses. 1:15-20; 2:9). De cualquier forma, era su decisión que sucediera. Unas pocas personas que conocen toda esta historia, me han dicho que no creen que Dios pueda usar cosas físicas para disciplinar a sus hijos. Pero, además de los varios ejemplos del Antiguo Testamento, se me ocurren tres historias del Nuevo Testamento que dicen lo contrario. En Hechos capítulo 5 Ananías y Safira murieron porque intentaron mentirle a Dios. En 1 Corintios capítulo 11, algunos de los creyentes de la iglesia de Corinto se debilitaron o enfermaron y aun murieron como castigo por tomar la cena del Señor de una manera indigna. Asimismo, en Hebreos capítulo 12, se nos dice que el Señor disciplina a sus hijos, y que eso es doloroso.

Por favor, no intentes aplicar esto a cada tragedia de tu vida. Eso no sería justo ni preciso. Nuestras angustias, problemas e inconvenientes no siempre son un castigo por nuestras acciones, pero a veces son consecuencias de nuestro pecado. Si llevas una vida homosexual y contraes sida, tu enfermedad es una consecuencia de tus acciones. Si haces algo ilegal y eres puesto en prisión, eso también es una consecuencia. Podemos pensar en varios ejemplos que se aplican, así como otros que no lo hacen. Sobre todo, necesitamos recordar que el Señor nos ama aun más de lo que nosotros nos amamos a nosotros mismos. Si Él hace algo para disciplinarnos, en el capítulo 12 de Hebreos nos dice que es por amor y por nuestro propio bien.

Debemos recordar también que el Señor está más preocupado por nuestro destino eterno que por nuestra satisfacción terrenal. El versículo 11 explica la razón de su disciplina: "...produce una cosecha de justicia y paz para quienes han sido entrenados por ella". Como los niños con sus padres, es nuestra elección cómo responder a la disciplina del Señor. Podemos pensar que no la merecemos, enojarnos y quedar resentidos con Dios, o podemos aceptarla por lo que es y permitir que nos ayude.

Cinco o seis meses después de mi accidente, el Señor me explicó algunas cosas referentes a mi experiencia. Un día, mientras oraba, el Espíritu Santo me recordó aquel día en la ducha cuando le dije al Señor que estaba dispuesto a morir para que su Reino avanzara. Dios me informó que había respondido a mi pedido de un hombre que amara a mi esposa y a mis hijos más que yo. Quedé confundido, y le dije a Dios que no entendía. Entonces Él me dijo que yo era ese hombre. Ahora amo y aprecio a mi esposa y a mis hijos más que antes. Es verdad; desde el accidente mis prioridades han cambiado completamente, y valoro más a mi familia.

El Señor continuó diciendo que el accidente me había causado la muerte... a mí mismo. Nadie puede asegurar que mi cuerpo murió o no murió físicamente por un momento, pero debido a mi experiencia "fuera de mi cuerpo", yo sé que mi espíritu dejó mi carne. El Señor usó esta situación para, finalmente, llevarme a abandonar mis deseos egoístas y mi agenda. Algunas personas pueden no necesitar toda esta persuasión, pero yo sí. La última cosa que el Señor me dijo ese día fue sobre este libro. Me dijo que mi experiencia de vida y muerte provocaría que la gente leyera este libro y que, cuando lo hicieran, su Reino avanzaría. Las vidas serían cambiadas a medida que las personas comprendieran cuán real es Dios y cuánto las ama. Puedo decir que, si hubiera dependido de mí, yo no habría elegido este método de promocionar mi libro, pero el Señor sabe mucho más que yo.

Confía en Dios

Leímos con anterioridad en este libro acerca de varias de las oraciones que el Señor ha respondido en mi vida. Aunque estoy con vida, debo decirte que hubo algunas oraciones, desde mi accidente, que el Señor no ha respondido todavía, o que no ha respondido de la forma en que yo deseaba. Más de una vez estuve con tanto dolor que clamaba al Señor para que me lo quitara. En varias ocasiones Él me dijo que llamara a otras personas para que orasen por mí. Las primeras veces que sucedió esto, tengo que admitir que me enojaba con Dios por esa respuesta. No podía entender por qué tenía que haber un "hombre en el medio" que se involucrara para que Dios contestase mi oración. La primera vez que pasó esto, me rehusé a obedecer y seguí orando por mí mismo por un largo tiempo. El dolor finalmente se volvió insoportable, y clamé a Dios:

—¿Por qué no me ayudas?

—¡Ya te dije lo que tienes que hacer! —me respondió.

Al final, cuando me quebré y me rendí, le pedí a Lori que llamara a algunas personas para que oraran por mis necesidades inmediatas.

Los resultados eran siempre los mismos. Me sentía aliviado por un corto período de tiempo. Este ciclo se repitió, y cada vez que esto sucedía, en realidad me sentía más lejos de Dios. El hecho de que Él se negara a responder "mis" oraciones hería mis sentimientos. Cuando al fin dejé de poner mala cara y le pregunté a Dios qué ocurría, Él me explicó que este proceso tenía algunos propósitos. Uno de esos propósitos era ayudarme a comenzar a entender el poder que tenían las oraciones de otras personas en mi vida. Este proceso también beneficiaba a las personas a quienes les pedíamos que oraran por mí, porque eran capaces de ver a Dios responder sus oraciones. Una y otra vez, la gente nos decía que eran edificados en su fe cuando oraban por mí y Dios contestaba tan rápidamente. También se sentían alentados y útiles cuando les dábamos la oportunidad de hacer su parte en el Cuerpo de los creyentes. Esto también nos ha ayudado a Lori y a mí para volvernos menos independientes y a estar más conectados a nuestros compañeros cristianos. Esta lección nos es de gran ayuda en nuestro nuevo ministerio.

Otra lección importante que Dios nos ha enseñado por medio de estas pruebas, es la simple perla de verdad encontrada en Filipenses 4:4: *"Alégrense siempre en el Señor. Insisto: ¡Alégrense!"* No dice que nos alegremos cuando las cosas nos salen bien y nuestras necesidades son suplidas. Ten en mente que Pablo escribió estas palabras desde la prisión. Él dice: *"Alégrense siempre en el Señor".* Esto significó, para nosotros, que teníamos que alegrarnos en el Señor después de que me lastimé, cuando estaba en el hospital y cuando me hallaba en mi casa con gran dolor. Esto no es algo que podemos hacer por nosotros mismos, en la carne. Esto ocurre solamente cuando hemos sometido nuestras vidas completamente al Señor y vivimos una vida guiada por Él y con el poder del Espíritu Santo. Alegrarse en medio de circunstancias dolorosas es algo que va en contra de la lógica humana y del pensamiento del mundo.

Romanos 12:12 nos dice: *"Alégrense en la esperanza, muestren paciencia en el sufrimiento, perseveren en la oración".* Hay una distinción entre alegría y felicidad. La felicidad depende de nuestras circunstancias, a diferencia de la alegría, que viene de lo más profundo. La alegría es la confianza asegurada de la obra de Dios en nuestras vidas, el conocimiento de que Él está ahí con nosotros, sin importar lo que suceda. La felicidad nos deja tan pronto como nos encontramos con una época mala, lo cual es inevitable en nuestras vidas; pero la alegría tiene la capacidad de mantenernos contentos en Cristo, más allá de nuestras circunstancias.

Pablo aprendió el secreto de mantenerse contento, sin importar lo que ocurriese en su vida. Este contentamiento tenía sus raíces en los cimientos de su relación con nuestro Señor Jesucristo. Él escribió:

Sé lo que es vivir en la pobreza, y lo que es vivir en la abundancia. He aprendido a vivir en todas y cada una de las circunstancias, tanto a

*quedar saciado como a pasar hambre, a tener de sobra como a sufrir
escasez. Todo lo puedo en Cristo que me fortalece.*

—FILIPENSES 4:12-13

Experimentar esta clase de alegría o contentamiento en Cristo
no sucede en una noche. Desarrollar y nutrir este tipo de relación
con nuestro Señor, lleva tiempo. Luego de hacerlo, sin embargo,
estos rasgos son impartidos por el Espíritu Santo que vive dentro
de nosotros. A medida que crecemos y maduramos en el Señor,
Dios guía y controla nuestras vidas más y más. Viviremos cada vez
más lejos de la reprensión. *"Confía en el Señor de todo corazón, y no
en tu propia inteligencia"* (Proverbios 3:5).

Escribo este epílogo varios meses después de mi accidente, y
la vida como la conocíamos es solo un recuerdo. Todavía no estoy
capacitado físicamente para volver a hacer el mismo tipo de cosas
que solía hacer. No tenemos ningún seguro por invalidez tampoco. Dicho esto, debes saber que el Señor proveyó de todo y bendijo
a mi familia por medio de nuestra iglesia, amigos, familia y comunidad, hasta tal punto que ¡hemos sido completamente cuidados!
Desde el accidente, la cantidad de amor que Dios nos ha mostrado
a través de otras personas ¡es absolutamente abrumadora!

Aunque ha sido un camino muy duro, mi familia y yo podemos dar testimonio de la verdad de las promesas dadas en La
Biblia. ¡El Señor es fiel, y podemos confiar en Él! Él realmente nos
ama más de lo que alguna vez podamos imaginar. Las afirmaciones de Pablo sobre la alegría y el contentamiento dados por Dios
en medio de los problemas, son tan verídicas hoy como lo fueron
cuando él las escribió por primera vez. ¡Te aliento a probar y ver
que el Señor es bueno! Es mi oración que las palabras de Romanos
15:13 se hagan verdad en tu vida: *"Que el Dios de la esperanza los
llene de toda alegría y paz a ustedes que creen en él, para que rebosen
de esperanza por el poder del Espíritu Santo".*